Collection TIBI
dirigée par Laure de Chantal

Le présent vous saute à la gorge ? L'air du temps vous étouffe, vous attire ou vous donne envie de fuir ? Lisez TIBI, petits pamphlets insolents et insolites de la vie quotidienne, qui est souvent la pire des provocations. Parce que tous les sujets ne méritent pas de longs discours, TIBI joue avec l'art du bref en proposant des micro-essais sur les mille et un tracas et plaisirs qui parsèment nos jours. Coups de tête, coups de griffe ou coups de chapeau, ils sont librement inspirés par les maîtres du billet d'humeur, les Anciens. Satires, fables, dialogues, diatribes, métamorphoses, éloges, épigrammes, autant d'exercices de style inventés par les Anciens pour transmettre avec élégance et légèreté les réactions épidermiques que suscite le quotidien.

DE LA VIE EN GÉNÉRAL
&
DU TRAVAIL EN PARTICULIER

Dans la collection TIBI

parus

Pierre Demarty
MANHATTAN VOLCANO
Fragments d'une ville dévastée

Marc Alpozzo
SEULS
Éloge de la rencontre

Maxence Caron
LA SATIRE FOUTRE
Histoire de Clitandre et Phallusine

à paraître

Lucien d'Azay
ODE AU BERNARD L'ERMITE

Yun Sun Limet

De la Vie en général

&

du Travail en particulier

LES BELLES LETTRES

2014

© 2014, Société d'édition Les Belles Lettres
95 bd Raspail 75006 Paris
www.lesbelleslettres.com

ISBN : 978-2-251-69005-6

À mes amis, ils se reconnaîtront.

À Vincent.

ergo exeundum ad libertatem est
donc il faut trouver une issue vers la liberté

Sénèque, *De vita beata*, IV, 4

Lettre I

À : rose.selavy@free.fr

Ma chère Rose,

Le diagnostic de maladie dite évolutive, par euphémisme j'imagine, est en effet tombé sur moi il y a deux jours. On ne croit pas aux mots que prononce le médecin, ni à leur étendue. Ton message et ton amitié me font du bien. De la fenêtre de ma chambre d'hôpital, je peux voir des immeubles d'habitation du quartier. Des balcons garnis de fleurs, des terrasses avec des petites tables. Le soir, les appartements s'éclairent. On perçoit le mouvement à l'intérieur, des silhouettes passent. La vie est là. Tout près. Presque à portée de main. J'ai beaucoup pensé aux grandes étapes de mon existence ces derniers jours. Et je sais qu'elle a poursuivi un but sans vraiment y parvenir pleinement, mais y parvient-on jamais ? Être libre. Tu me diras : mais c'est quoi, être libre ? Vivre sans entraves, sans contraintes ? Non. C'est pouvoir répondre aux nécessités intérieures. Vivre selon des choix qui donnent son sens à cette vie. Et comme nous sommes faits de contradictions, il n'est pas toujours simple de démêler ce qu'il en est des nécessités et du sens. L'un voudra agir sur le monde, le rendre meilleur éventuellement. Et pour cela, il devra faire carrière, s'y perdre, sacrifier son temps, sa liberté, précisément, en oubliant peut-être au passage les buts qu'il s'était donnés à l'adolescence. L'autre voudra être peintre. Mais n'arrivera pas à vivre de son art, et pour subsister devra accepter de travailler dans des domaines éloignés de ses désirs profonds. C'est cela, a contrario, être libre. Avoir la possibilité matérielle d'accomplir des desseins immatériels (sauf pour ceux, hélas nombreux en ces temps de *greed*, pour qui l'argent est un objectif de vie, et comme on les plaint). Et que la possibilité matérielle soit en accord avec les desseins. Pour le dire plus simplement, pouvoir gagner sa vie avec un travail qui réponde à un désir personnel et essentiel. Qui est libre ? Pour quelques artistes, scientifiques, médecins, professeurs ou politiques qui ont réussi, toutes ces hordes de magasiniers, d'éboueurs, de VRP, de standardistes, d'employés de *call centers*, de cheminots, d'ouvriers du bâtiment, de caissiers, de livreurs, de fraiseurs, de soudeurs, de contrôleurs, de manutentionnaires, de gardiens de parking, de techniciens de surface, qui gagnent leur vie en la perdant. Gagner sa vie en la perdant. Combien de fois arrive-t-on chez soi le soir, éreinté, à vaquer encore à des occupations domestiques en se demandant pourquoi ?

Et puis il arrive aussi ce constat terrible : on passe plus de temps de sa vie avec des personnes qui ne vous sont rien ou bien peu de choses, que vous n'avez pas choisies, que l'organisation vous impose, qu'avec ceux qu'on aime, pour lesquels seuls votre vie a du sens. Je pense à cette attachée de presse qui un jour découvre que sa fille marche. La nounou lui révèle que cela fait plusieurs jours déjà. Elle n'avait pas vu les premiers pas de son enfant. C'était la nounou qui avait assisté à ce moment tellement important, tellement joyeux. Elle-même s'en était privée, pour son travail. Et cette révolte alors qui monte. Pourquoi s'oblige-t-on à cela ? Pourquoi le travail ? Pourquoi ne peut-on pas y échapper ? Et tout un chacun de répondre qu'il s'ennuierait à longueur de journée chez lui. La mère qui finit son congé de maternité est souvent bien heureuse de quitter le foyer pour retrouver les horaires de bureau, loin des couches-culottes. Tu vois, toutes les contradictions qui s'attachent au travail, que j'ai momentanément quitté pour cette chambre d'hôpital. Mais le désir d'être libre est revenu, plus fort que jamais. Je n'aurai de cesse de l'accomplir.

Je t'embrasse,

ysl

Lettre II

Bonjour,

Je suis absente du bureau pour raisons de santé.
Je reprendrai contact avec vous dès mon retour.

À : greg1234@bu.edu

Objet : REre

Mon cher Grégoire,

Sans doute as-tu reçu ce message auto-
matique, comme tous ceux qui, connus ou
inconnus, proches ou lointains, sont passés par
les voies que l'on croit immatérielles du réseau.
Mon absence. Elle a dû t'interroger, peut-être
même t'inquiéter. Crois-moi, je reviendrai.
Tu me connais... Mais il est vrai que, soudain,
être éloigné du travail donne un relief nouveau
à ce qui est parfois vécu comme un poids, une
fatigue, une source de stress. Adeline m'a dit
que tu reprenais tes trois mois de séminaire
à Boston. Peut-être es-tu déjà parti. Je t'envie
un peu d'être dans cette ville que j'aime. De
quoi vas-tu leur parler à tes étudiants ? Pour ma
part, j'aimerais approfondir des notes éparses
que j'ai prises depuis longtemps sur le travail.

Coïncidence, me diras-tu. Non, au contraire. Tu sais que nos recherches ne sont jamais intellectuelles. Nous faisons semblant d'étudier de façon scientifique et détachée des questions qui, dans le fond, nous sont intimes, insues. Dans ma chambre d'hôpital un panneau déconseille aux patients de posséder un ordinateur. Mon tout petit notebook blanc entre heureusement dans le coffre de l'armoire. Code toujours le même 3141, les premiers chiffres du nombre Π. Je vais donc pouvoir écrire un peu et je t'enverrai le fruit de mes réflexions en vrac. Ne te sens pas obligé d'y répondre...

Avec toute mon amitié,

ysl

Lettre III

À : rose.selavy@free.fr

Ma chère Rose,

Tu sais les nuits éprouvantes que j'ai passées. J'ai le sentiment d'avoir revécu la nuit pascalienne. Cette nuit du 23 novembre 1654 où il note juste le nom des saints du jour, les heures et puis le mot « Feu ». Je ne me suis convertie à rien, mais le corps et l'esprit sont saisis de tremblement, sont retournés dans tous les sens, secoués comme s'il s'agissait de faire sortir de soi autre chose. Une sorte de naissance. Alors que la mort rôde. Je me souviens de nous, enfants, adolescentes.

J'ai pleuré au petit matin, en silence, pour ne pas réveiller la voisine de chambre. Quelque chose se termine. Je ne sais pas quoi au juste.

À toi,

ysl

Lettre IV

À : greg1234@bu.edu

Objet : Livraison 1, comme annoncé.
La chute originelle

Mon cher Grégoire,

La scène est connue. On la voit à l'envi dans toutes les pinacothèques du monde occidental. Un homme et une femme nus fuient, apeurés, un jardin plantés d'arbres. Souvent le ciel est sombre. Tu travailleras désormais à la sueur de ton front. Le travail est une malédiction divine. Pour avoir goûté au fruit de la connaissance, l'homme et la femme sont chassés et livrés à la subsistance par le travail. Sans doute est-ce le moment biblique le plus incompréhensible pour moi. Tout d'abord, pourquoi donc refuser ainsi à l'humanité la connaissance, du bien et du mal est-il précisé dans la Bible ? Et pourquoi donc présenter le travail sous un tel éclat sinistre ? « C'est au prix d'un travail pénible que tu tireras ta nourriture tous les jours de ta vie. Il te produira des épines et des chardons, et tu mangeras de l'herbe des champs. C'est à la sueur de ton visage que tu mangeras du pain ». À vrai dire, Adam et Ève, idiots et ravis dans le jardin d'Éden –faisant quoi de leur journée ? –, cela ne semble pas particulièrement enchanteur. Et les générations de catholiques ayant entendu ces lectures devaient secrètement se réjouir de cette « chute originelle » qui leur offrait une vie occupée, avec ses tracas certes, mais sinon, quoi ? se gaver des fruits autorisés (lesquels d'ailleurs, et la pomme, quel curieux destin que celui de ce fruit, d'Ève à Steve Jobs) ? Très peu pour eux.

Entrer dans la question par la mythologie biblique n'est peut-être pas la meilleure voie. J'entends déjà ici bien des théologiens, tu pourrais sans doute d'ailleurs citer leurs noms..., se récrier de cette présentation réductrice, empoussiérée de siècles de catéchisme aux buts davantage sociologiques que spirituels, et négligeant la lettre du texte hébreu où aucune malédiction n'est proférée sur le travail mais où, quelques versets avant la perte d'Éden, il est rappelé que c'est bien de terre qu'est fait l'homme. Travailler cette terre est une de ses missions. Et puis lorsqu'on évoque le travail comme tâche pénible, d'autres images immédiatement affluent, les gueules noires, les contours des yeux blancs, hallucinés, au sortir de leurs puits, ces enfants photographiés devant leurs machines dans une usine de clous des Ardennes au XIXe siècle, et d'autres encore, américains cette fois, immortalisés par Lewis Hine, pieds nus sur des métiers à filer le coton en Géorgie, malingres, la salopette déchirée, ou plus proches de nous, aux heures de pointe, ces « *métros remplis de noyés* » pour citer Brel. Il faut bien en effet se nourrir, s'abriter, élever ses enfants. Et pour cela, monnayer sa force de travail. Toutes les histoires du travail montrent bien comment on en est arrivé là. De la « chute originelle » qui n'en n'est pas une à la vraie malédiction par la révolution industrielle et à la naissance du prolétariat.

À bientôt pour une suite,

Porte-toi bien,

ysl

Lettre V

À : greg1234@bu.edu

Objet : Livraison 2. Histoire simplifiée

Mon cher Grégoire,

Donc Homo sapiens sapiens : la grotte, la chasse, la cueillette. On ne fabrique pas grand-chose, on trouve un abri, on tue les fauves, on pêche. On est encore très proche de l'animalité, c'est le règne de la subsistance. Puis sédentarisation, débuts de l'élevage et de l'agriculture. Éloignés les aléas de l'ours qui s'enfuit, du ventre vide. Et pour cultiver des champs et entretenir des bêtes, des outils sont nécessaires, qu'il faut fabriquer. Le néolithique est le tout début de l'organisation et de la spécialisation. Il ne s'agit plus vraiment de survie mais de poser des actes qui permettent de se nourrir, de se loger et de se vêtir. L'(les) auteur (s) obscur (s) de la Genèse, étai(en)t de ceux-là, autour du VIe siècle avant J.-C., pour qui la vie terrestre dépendait directement du soc de la charrue, du métier à tisser. Pour qui le travail signifiait ce labeur, ce labour. Ces sociétés ont créé des métiers : paysannerie et artisanat. Mais d'autres métiers sont nés de leur complexification et de la mise en œuvre du travail lui-même. Des recherches sur l'Égypte pharaonique (*L'Organisation du travail en Égypte ancienne et en Mésopotamie*, édité par Bernadette Menu, colloque AIDEA, Nice, 4-5 octobre 2004[1]) montrent par exemple comment l'administration d'un grand chantier présente bien des traits qui n'auraient rien à envier à notre administration contemporaine.

---

1. Voir bibliographie générale à la fin de l'ouvrage. (NdE).

La recherche d'une main-d'œuvre nombreuse oblige à la création d'un « Bureau de la main-d'œuvre » sous le Moyen Empire, qui dépend du « bureau du vizir », lui-même à la tête d'une foule d'intermédiaires (chefs de chantier, contre-maîtres, ouvriers spécialisés, etc.) encadrés par des réglementations salariales, etc. La grève à laquelle assiste Astérix sur le chantier d'Amonbofis n'est presque pas un anachronisme. Rappelons-le, le Moyen Empire en Égypte se situe entre les IIIe et IIe millénaires avant J.-C. Cet état de faits relativise la « modernité » de nos problématiques et montre des temps bien contrastés entre différents espaces ou cultures, qui n'ont rien de linéaires et continus.

Et en Grèce antique ? Comme toutes les sociétés sorties de la « préhistoire », elle est essentiellement agricole. Mais selon Vernant et Vidal-Naquet (voir leur livre sur le travail en Grèce ancienne), lisant Hésiode puis Xénophon, l'idée de travail n'y est pas directement rattachée. C'est une forme d'idéal, de « vie morale », qui se compare à l'idéal du guerrier. C'est une vertu, point une technique. Le rapport à la terre y est presque « religieux ».

Je te laisse. Caresse quelques petits écureuils gris pour moi !

À bientôt,

ysl

Lettre VI

À : madeleine@swift.eu

Chère Madeleine,

Je suis désolée d'apprendre ce qui arrive à ta sœur. Je n'ai eu l'information que récemment, car peut-être le sais-tu, je suis gravement malade. On m'avait dit que l'entreprise battait de l'aile. Là, c'est un peu brutal, je l'avoue. Vois-tu, le grand drame, c'est bien que nous sommes devenus de la « ressource humaine ». Ressource signifie des moyens, de l'argent, du capital. Du matériau. Non plus des individus uniques. Comme dans les grandes réunions fascisantes, tous le même costume, le même mouvement, et entre le troisième du deuxième rang ou le cinquième du vingt-troisième rang, aucune différence, on peut les permuter, on n'y voit que du feu. Nous sommes égalisés, nullifiés dans la masse et dans la marche vers le profit. Car c'est bien le seul but. Et si la ressource A coûte moins cher que la B, permutons. Lui, elle, toi ou moi, c'est pareil. André Gorz a écrit des textes très éclairants sur ce que nous sommes par le travail. Un moment de bascule important s'est opéré lorsque le travail de l'artisan, dans son rapport unique à l'objet à fabriquer, dans un savoir-faire lié à sa personne, s'est transformé en capital, quand il est devenu un « travailleur », qui produit une somme quantifiable, vérifiable de travail, elle-même ajustable, au gré de la conjoncture économique. Nous sommes interchangeables, éjectables. Et lorsqu'on voit à la télévision les ouvriers de l'industrie se battre désespérément pour conserver un emploi, dans une lutte perdue d'avance, je sais que beaucoup se disent : c'est normal, c'est la crise, on ne vend plus assez de métal, de voiture, d'électroménager, etc., ils ont tort de s'accrocher. Ils. Qui sont-ils ? Des anonymes standardisés dans des chiffres, des bâtons de couleur d'abaques qui brillent sur les powerpoints de réunions stratégiques, inversement proportionnels aux taux de rentabilité qu'il faut faire croître. Il n'existe pas tant de variables d'ajustement. La dernière chose qui reste assez malléable, c'est bien la ressource humaine. Ils. Ta sœur Élise, 48 ans, née à Langres, mariée, puis divorcée en 2007, un fils, Julien, en 1re ES au lycée Michelet, propriétaire d'un petit F3 à Vanves, traites qui courent jusqu'en 2021 de 720,12 € mensuels plus l'assurance, aime la musique baroque, chante dans une chorale de quartier, a une tache de naissance rosâtre sur la cuisse gauche, est tombée amoureuse il y a deux ans d'un homme plus jeune qu'elle, l'a quitté avant qu'il ne la quitte, arrive encore à se disputer avec votre mère au téléphone, n'ira pas en vacances cette année, envisage de revendre son appartement, se demande certainement comment elle va faire avec 40 % de son salaire en moins tous les mois pendant un an, les sorties qu'elle ne fera plus, les cours de tennis de Julien à faire payer par Mamy sans doute, tous les vêtements à trouver en seconde main, prier pour que le frigo ne lâche pas, se priver des quelques produits bio qu'elle a voulu intégrer dans leurs repas, tout cela pour aider à redresser la courbe de rentabilité à présenter aux actionnaires. Le savent-ils, eux, ce qui arrive à Élise, une vraie Élise, avec son corps, son âme, et non un trait, un élément d'une statistique ?

Je pense bien à toi et à Élise,

Amitiés,

ysl

Lettre VII

À : greg1234@bu.edu

Objet : Livraison 3, Les Grecs et les Latins

Mon cher Grégoire,

Il fait bon, en ces temps de sacralisation de la « valeur travail », se rappeler que nos ancêtres antiques n'y vouaient aucun culte, bien au contraire. (Disant « nos ancêtres », je me fais l'impression d'Henri Salvador chantant « nos ancêtres les Gaulois »...) Leur mépris du travail a donné lieu à diverses interprétations. On l'attribue en général à l'existence d'une main-d'œuvre esclave nombreuse et peu coûteuse. Déchargé des tâches harassantes, le citoyen grec et puis romain n'a pour horizon de vie honorable que la conduite des affaires de la cité, qu'elles soient politiques ou intellectuelles. À vrai dire, ce point de vue résiste mal à la réalité des faits. Les témoignages écrits, iconographiques et épigraphiques montrent bien que dans les mêmes ateliers ou sur les mêmes exploitations, travaillaient côte à côte, et aux mêmes postes, des hommes libres comme des esclaves ou des métèques. Et la fortune de certains artisans, leur niveau de vie, révélée entre autres dans les cendres durcies de Pompéi, témoignent que la vie laborieuse pouvait être embrassée par des citoyens honorables. Ainsi que Claude Mossé en a déjà formulé l'hypothèse il y a presqu'un demi-siècle : ce n'est pas l'idée du travail en lui-même que rejettent les Grecs ou les Romains mais la dépendance à autrui par le travail. Pas tant dans la perspective moderne qui place le travailleur indépendant au-dessus de celui qui fournit du travail à un patron mais bien dans les deux cas à la dépendance d'un tiers, qu'il soit commanditaire des travaux ou employeur. « [E]ntre l'artisan qui vend lui-même les produits qu'il a fabriqués, et l'ouvrier qui loue sa force de travail, il n'y a pour les anciens pas de réelle différence. L'un et l'autre travaillent pour satisfaire aux besoins d'autrui, et non à leurs besoins propres. Ils dépendent d'autrui pour leur subsistance. Dès lors, ils ne sont plus libres. » (Claude Mossé, *Le Travail en Grèce et à Rome,* 1966, p. 47.). Et voilà. Le mot revient. Il s'agit bien de liberté. Et on ne s'étonnera pas que dans ces civilisations où précisément une catégorie d'êtres humains en est cruellement privée, (non pas de façon ontologique comme cela le deviendra hélas dans la traite négrière, puisqu'on peut s'en affranchir selon les circonstances), la liberté soit la valeur paradigmatique, antagoniste à celle de travail. Les deux grandes révoltes d'esclaves, celle des travailleurs agricoles dans les *latifundi*, qui s'empara de la Sicile au milieu du IIᵉ siècle, menée par un certain Eunous, et celle plus célèbre de Spartacus, montrent bien la force de l'idée (proportionnelle sans doute au degré de leur asservissement).

Ne dépendre de personne. C'est une possible définition de la liberté. Et l'on voit bien en quoi elle entre dans une certaine vision du travail. « Être libre seul », écrivait Guy Debord. Ne peut-on donc être libre en société ?

Je te laisse avec cette vaste question,

Bien à toi,

ysl

Lettre VIII

Ma chère Rose,

De t'entendre pleurer au téléphone m'a bouleversée. Je n'ai rien dit, j'ai crâné, mais oui, au tréfonds, j'ai été secouée. Oui, nous irons en Italie, nous reverrons Naples. Oui, nous reverrons la bonne tête de ce Sénèque, faite de détachement et de compassion, de tristesse ironique. Nous passerons la main sur son collier de barbe, quitte à faire bondir un gardien de salle « Don't touch, please ». Oui, nous repasserons par les ruelles aux Vierges de plâtre qui implorent dans leur niche, le visage tourné vers la rangée de serviettes et de chemises qui flotte au-dessus d'elles, oui, nous mangerons des glaces au citron assises sur le quai de béton en regardant les bateaux partir pour Capri, et au loin, le Vésuve, ombre bleue sur les déchets, les poubelles, les trafics de dioxine, les étages de maison en bois préservées d'Herculanum, le train qui mène à travers HLM et vignobles voisinant des décharges, jusqu'à Pompéi, la mer incandescente de pierreries, tant de beauté, tant de beauté. Oui, nous reverrons Naples, et ce ne sera pas pour mourir, mais pour vivre. Vivre chaque instant.

Amitiés,

ysl

Lettre IX

À : greg1234@bu.edu

Objet : Intermède sur l'autarcie

Mon cher Grégoire,

Tu as raison. L'idéal d'autarcie perdure longtemps dans les sociétés occidentales. Que le surplus de la production agricole puisse faire l'objet de commerce est resté chez les anciens un phénomène marginal. Mais dès qu'on en sort, on devient « moderne ». Le monde s'ouvre, s'élargit, des espaces nouveaux s'offrent et ils deviennent source de profit. On devient « postmoderne » lorsque la source de profit n'est plus reliée à une économie, un espace réels mais à l'idée qu'on s'en fait. D'une certaine façon, le mouvement général est un arrachement à glaise, de la terre à l'idéité. De la lutte avec la nature au face-à-face spéculaire, à la spéculation. Nous sommes bien dans ces sociétés d'idées et de médiatisation. La relation directe aux choses a largement cédé la place aux relais que sont les industries, les médias. On en crève d'ailleurs de cette autarcie perdue. Empoisonnés par les grandes firmes multinationales agroalimentaires, les gens rêvent de pouvoir aller chercher des œufs tièdes dans la paille d'un poulailler, cueillir quelques fraises ou framboises, déterrer les plants de pommes de terre, qu'on découvre, ébahis, dans le creux d'une motte de terre douce et friable. Le mouvement de retour vers l'autarcie est utopique mais il devient perceptible, et sans doute ira-t-il en s'amplifiant. Par un curieux retour de balancier, l'*otium* contemporain devient ce travail manuel autrefois méprisé des Romains. Le loisir des jardineries ouvertes le dimanche...

À bientôt,

ysl

Lettre X

À : madeleine@swift.eu

Chère Madeleine,

Je suis très touchée de tes prières. Et j'ai toujours la nostalgie de la foi. Voilà un bien qui m'a quittée. Mais ne l'ai-je jamais eu ? Cette foi-là n'était pas choisie. Imposée par l'éducation, elle n'a pas résisté à l'absence de contrainte sociale, au refus dogmatique, à l'absurdité de certaines parts du rituel sur lequel elle s'appuyait, et aux errements de l'Église face à la réalité du monde. Tout cela n'empêche pas le besoin de spiritualité. Les questions face à l'insondable. La nécessité du sacré. Chassez le sacré, il revient au galop. Où se niche-t-il aujourd'hui, le sacré ? Dans les grands messes sportives ? Dans le désespoir du fait divers sordide auquel communient des millions de téléspectateurs ? Lorsque l'enfant disparaît... Avec ma maladie, la transcendance a un nouveau visage. Et la prière, de nouvelles voies. Se fondre dans le flux du monde, du vivant, se détacher, croire en l'existence d'une circulation vitale, de l'infiniment petit à l'infiniment grand. Comme je plains ces « nouveaux dogmatiques » qui partent en croisade contre la menace créationniste (juste combat) mais en attaquant de manière paranoïaque tout chercheur qui n'ânonnerait pas le catéchisme darwinien (ce scientifique par ailleurs tellement imprégné de l'esprit de son temps, de la révolution industrielle, faits de concurrence, de compétition, où c'est le plus fort, le plus adapté qui gagne). Et le hasard. Tout ne serait que hasard. L'idée même d'un possible modèle reproductible, qui aurait un sens, acceptée pour les lois de la physique depuis Newton (grand croyant devant l'Éternel au demeurant), devient un crime de lèse darwinisme lorsqu'il s'agit du vivant, et de l'homme, encore plus. Comme je les plains. Si on annonce à l'un d'entre eux sa mort probable dans l'année qui suit, rien ne viendra à son secours, et les traitements seront certainement affaiblis par cette acceptation d'une fatalité hasardeuse et de la prolifération inéluctable des cellules, sur laquelle bien sûr l'esprit ne peut rien. Oui, je crois en une force de l'esprit. Mais pas tellement pour l'au-delà, mais ici, maintenant, qu'on néglige par trop, indissociablement liée au corps, qui est aussi une force agissante. Oui, il faut la cultiver cette part de soi, il faut l'écouter, la faire méditer, la faire résonner. Alors merci de prier pour moi. Comme je prie pour toi, pour Élise. A-t-elle obtenu l'indemnité qu'elle demandait, d'ailleurs ? Et comment va-t-elle au milieu de tout cela ?

Bien à toi,

ysl

Lettre XI

À : greg1234@bu.edu

Mon cher Grégoire,

Te souviens-tu de Madeleine ? Elle a une dizaine d'années de plus de nous. Elle faisait partie de la bande de mon cousin, tu as dû la croiser quelques fois. J'ai avec elle pour le moment des échanges intéressants sur la foi et la spiritualité. Et cela m'a fait revenir sur la dimension religieuse du travail. Tous les sociologues, anthropologues et historiens sont bien d'accord pour donner au travail une double signification. Sa valeur « d'échange », d'une part, et sa valeur morale, sa « vertu » antique.

Cette « vertu » peut revêtir une dimension idéologique au sens large. Le travail colossal des bâtisseurs de pyramides avait bien un objectif de propagande, il magnifiait les commanditaires. Les valeurs qu'on prête aujourd'hui au travail ont évacué cet aspect. Seule valeur d'échange, de circulation de l'économie, il n'est tendu vers aucune transcendance. Ou si on peut lui assigner une quelconque valeur autre, c'est bien plutôt dans un retour sur lui-même, sur cette valeur « travail », devenue elle-même idéologie dominante. L'actuelle « religion » du travail n'a d'autre horizon que ce travail lui-même, comme instrument et témoignage de la réussite économique, comme « *Sinn und Bedeutung* » (« Sens et signification » pour reprendre l'expression de Frege) de l'économie de marché. Nous voilà complètement captifs. Et l'on voit bien à quel point aucune alternative n'est aujourd'hui possible, ni même souhaitée par les gens. Effondrement (de la gauche) de la gauche, absence de pensée (sur la droite) de la droite.

Amitiés,

ysl

Lettre XII

À : rose.selavy@free.fr

Chère Rose,

Merci de prendre de mes nouvelles. Non, je ne suis pas particulièrement angoissée. En revanche, je fais des rêves puissants, prégnants. Le souvenir de ma grand-mère revient de façon très vive. J'ai fait ce rêve. Je me rendais dans la rue où habitaient mes grands-parents. Arrivée à hauteur de leur maison, je frappais. Curieusement, la porte de leurs voisins était entrebâillée. Pas la leur. Puis quelqu'un venait ouvrir leur porte. Je ne m'attendais à personne en particulier. Je savais bien qu'ils n'étaient plus là depuis longtemps.

Et soudain, dans l'encadrement, est apparue ma grand-mère elle-même. Habillée simplement mais élégamment, ainsi qu'elle en avait l'habitude, d'une jupe droite sombre gainant bien ses hanches, d'une blouse légère en mousseline avec des motifs floraux marron et beiges. Elle avait cette position particulière, propre à elle, la jambe gauche légèrement en avant, et tournée sur le côté. Elle me souriait. Passée ma surprise, la joie de la revoir m'a envahie. Je me suis jetée dans ses bras. Nous nous sommes ainsi enlacées longuement, en tournant. Et dans l'embrassade une tristesse immense est arrivée, une lame de fond irrépressible, qui a apporté avec elle des larmes, un sanglot non éclaté nouant ma gorge, les lèvres se gonflant comme dans les chagrins de l'enfance, et une détresse terrible m'étreignait, cela m'a réveillée. C'est cela. Plus jamais cette chose ne pourra arriver. Moi dans les bras de ma grand-mère. Plus jamais. La réalité de ce *nevermore* est absolue, et absolument désespérante.

Et pourtant, si ? Si une infime, une minuscule possibilité existait malgré tout qu'un tel miracle se produise ? La seule raison pour laquelle je pourrais souhaiter la mort, ce serait cette chance, ce scandaleux démenti, la possibilité de vivre ce moment impossible qui balaierait toutes les années de séparation, l'absence, l'implacable loi du temps. La détresse de ce rêve, c'est sa mort, mais c'est la mienne, le secret espoir qu'avec la mort, une porte s'ouvre sur les gens qu'on a aimés.

Bien à toi,

ysl

Lettre XIII

À : greg1234@bu.edu

Objet : Livraison 4,
Le Moyen Âge, une transition ambiguë

Mon cher Grégoire,

Je reviens à ma petite pérégrination historique. Et sans doute est-il temps d'aborder le
Moyen Âge. J'espère que tu profites bien de ton
séjour bostonien.

On a une idée du travail au Moyen Âge
toute de labeur, de sacrifice, accomplie par des
« pauvres Martins », de « pauvres misères »,
qui « creusent la terre, creusent le temps ». Mais

pas plus que les Antiques, les hommes du Moyen Âge ne valorisent le travail. Et les Évangiles ne font qu'apporter de l'eau à ce moulin. J'ai relu dans ma vieille bible le fameux passage de saint Mathieu sur les oiseaux qui ne sèment pas, ne moissonnent pas, n'engrangent pas, sur les lis des champs qui ne travaillent ni ne filent. Tous sont nourris et vêtus par Dieu qui, s'il s'occupe des animaux et des plantes, le fera bien davantage pour les hommes. (Là, on en doute, justement.) Et les célèbres versets de se terminer sur l'adage connu : « À chaque jour suffit sa peine ». Saint Luc montre, quant à lui, une Marthe affairée à la réception de Jésus chez elle qui reproche à sa sœur Marie de rester à ne rien faire. « Marie a choisi la bonne part, qui ne lui sera pas ôtée. » Comment ne pas encourager davantage l'insouciance, le mépris du travail ? Quand ce n'est pas une grande figure du christianisme médiéval, un fils de riche famille italienne qui décide de tout quitter, commerce paternel, aisance, refusant de prendre la succession, pour aller vagabonder sur les chemins. L'Église canonise vite ce Francesco Bernardone, plus connu sous le nom de saint François, légitimant bien par ce geste la supériorité d'une existence soucieuse de seules réalités spirituelles, loin du labeur et du travail rémunérateur.

Et pourtant. Sans doute est-ce au Moyen Âge que commence l'irrésistible ascension de la « valeur travail ». Car si l'idéologie chrétienne occidentale, sur fonds antique, judéo-chrétien et barbare, valorise les activités « créatives » contre les autres – l'orfèvre crée, le laboureur, non –, la réalité montre bien une société organisée, qui est productive, et qui fait place au travail. La Renaissance carolingienne en est un moment important. On ne reviendra pas sur toutes les innovations de cette époque (administrative, agricole, intellectuelle) et les secteurs de travail associés. Et jusqu'à l'aube des Temps modernes (qu'on me pardonne cette métaphore usée, associée à l'idée d'une nuit du Moyen Âge), tout concourt à la bascule de la Renaissance marchande, prémices des futurs « éthique protestante » et « esprit du capitalisme ». Et elle se fonde sur une ambiguïté présente, sans doute dès le départ. On en revient à notre fameuse chute originelle. Le travail est une malédiction, mais elle devient peu à peu la possibilité d'un « rachat ». Le travail est alors considéré comme pénitence. Les différents ordres monastiques font du travail manuel (agriculture, artisanat, autre) des moments de pénitence. En tant que tel, il devient nécessaire à tout bon chrétien, entaché de la faute originelle (je renvoie ici aux essais de Jacques Le Goff rassemblés dans *Pour un autre Moyen Âge. Temps, travail et culture en Occident*). Voilà le tour de passe-passe qui permet de justifier aux « pauvres Martins » leur vie de tâcheron.

Et puis il y a le temps. L'oisiveté, c'est le mépris du temps qui passe. Perdre son temps devient répréhensible, un péché grave face à une dramatisation de la fin des temps (millénarisme) et de la fin de sa propre existence. Tu ne sais ni le jour ni l'heure. Donc en attendant, ne dilapide pas ce précieux cadeau de Dieu. Et comment ne pas le dilapider ? En le rendant utile, productif. Le « time is money » de Benjamin Franklin est encore bien loin. Mais c'est ici que se joue déjà la marchandisation du temps. Le temps, qui n'appartient à personne, ce *tempus* qui *fugit*, le voilà qu'il se soumet, qu'il obéit, qu'il produit. L'usure, toujours condamnée par l'Église, commence, fin du XIIIe siècle, à être tolérée voire encouragée, sous la pression des marchands qui ont détrôné les princes, et se sont emparés des villes. D'ailleurs, c'est moins le temps qui est consubstantiellement de l'argent mais le temps, qu'on maîtrise de mieux en mieux grâce aux progrès de l'astronomie et de la mécanique, qui devient le facteur central de calcul de la valeur de l'argent.

Si l'on adopte le point de vue téléologique, qui fait de notre époque le moment d'aboutissement de mouvements en cours depuis des siècles, on constate que le Moyen Âge est un moment particulièrement intéressant. Celui d'une transition ambiguë. Tous les germes de ce qui s'épanouira et ne cessera de croître jusqu'au xxᵉ siècle, le travail comme nécessaire productivité, sont bien là mais malgré tout encore étouffés par les anciens héritages antiques et chrétiens ou barbares.

Bien à toi.

ysl

Lettre XIV

À : rose.selavy@free.fr

Chère Rose,

Ta visite m'a fait plaisir. Pardonne-moi cette histoire de photos. Mais je me rends compte hélas que depuis ma maladie, je ne veux plus tellement qu'on me photographie. Déjà que je n'ai jamais beaucoup aimé cela. Je regrette d'ailleurs. Je regrette toutes ces années où j'étais encore potable de n'avoir pas davantage posé, de n'avoir pas gardé tous ces moments de fraîcheur, d'insouciance. En regardant celles prises il y a un an ou deux, je suis frappée par une tristesse qui se dégage de mon visage. Peu de sourires et quand il est là, c'est un peu contraint. Une sorte de lassitude. Je ne veux pas faire de lecture rétrospective, mais je ne peux m'empêcher de penser que le mal était déjà là, que de l'intérieur, il aspirait la joie, tel un astre mauvais. Est-ce qu'un jour je rayonnerai à nouveau ? Le temps passe, on vieillit, sans doute est-ce un doux rêve. L'autre jour, en allant à ma consultation, j'ai entendu à la radio la chanson de Nougaro. « Ah tu verras, tu verras, tout recommencera »... J'aimerais tellement que tout recommence.

Je t'embrasse,

ysl

Lettre XV

Chère Rose,

Comme tu m'as dit que cela te plaisait de lire les récits de rêve, en voici encore un lié à la maison de mes grands-parents. Beaucoup moins réaliste et précis que celui où ma grand-mère vient m'ouvrir la porte, j'en retiens que la maison n'était pas du tout celle que j'avais connue, pourtant, c'était bien elle. On la visitait à plusieurs mais impossible d'identifier les gens qui m'accompagnaient. Elle était biscornue, avec des pièces très encombrées, façon brocante, et des escaliers en tous sens, assez sombre, sous de mauvais éclairages. Le rêve ne vaut que pour sa fin. En sortant de la visite, je voyais à la fenêtre du rez-de-chaussée donnant sur la rue et au soupirail en-dessous d'énormes fleurs roses pâles (entre le bégonia géant et la pivoine) grimper aux vitres, et envahir la façade. Ce n'était pas vraiment beau. Mais la vue de ces fleurs apportait une sorte de soulagement après cette visite étrange.

Cela me fait penser à un rêve très ancien mais dont j'ai conservé le souvenir. Je devais avoir quinze ans quand je l'ai fait, si ma mémoire est bonne. Toujours avec mes grands-parents. Nous faisons une sortie en voiture et à un moment nous nous arrêtons pour nous promener. C'est le printemps. Nous garons la voiture à la lisière d'un petit bois. Et devant nous s'étend une très vaste prairie remplie de jonquilles. Le paysage est magnifique. Cette prairie en pente, puis au loin des bouquets d'arbres du vert tendre des débuts de printemps. Nous sommes tous émerveillés et nous commençons à marcher dans la prairie. Je m'accroche au bras de ma grand-mère. Le temps est idéalement doux. Souvenir d'un rêve très heureux, d'une joie intense. Souvenir aussi de m'être dit : cela doit être cela, le paradis.

Et vois-tu, d'écrire ces mots, je pleure. Mais je peux te le dire à toi. Toi qui sais ce que pleurer veut dire.

En pensée,

ysl

Lettre XVI

À : madeleine@swift.eu

Objet : Retour sur Marx

Chère Madeleine,

Comme tu me le suggérais, j'ai lu le *Manifeste du Parti communiste*. Tu veux donc mon avis. Je crois l'avoir lu il y a très longtemps. Je me souviens d'une vente de livres d'occasion sur le trottoir de l'université à Bruxelles, devant la cafétéria, avec des ouvrages communistes et avoir été frappée par les livres de Lénine « Que faire ? » et puis « Par où commencer ? ». Ces titres m'avaient beaucoup fait rire avec les amis de l'époque quand nous étions dans les affres de l'écriture d'un scénario de long métrage. Que faire ? Par où commencer ? Titres universels. Cela s'applique à tous les problèmes, quels qu'ils soient. Ils étaient assez forts ces Russes pour trouver des titres qui traversent les siècles... Au début du manifeste, on sent bien le Marx philosophe, ayant soutenu une thèse sur Démocrite et Épicure. En quelques paragraphes, il rappelle les relations sociales qui fondent les civilisations antiques et puis médiévales avant d'en extraire la bourgeoisie et ce qu'elle a changé dans ces relations. La bourgeoisie émancipée de la puissance féodale, aristocratique, sortie victorieuse d'une telle lutte, génère le prolétariat pour asseoir son nouveau statut. Certains passages frappent par leur clairvoyance quasiment prophétique. « Par son exploitation du marché mondial, la bourgeoisie a rendu cosmopolites la production et la consommation de tous les pays. Pour le plus grand regret des réactionnaires, elle a retiré l'industrie de sa base nationale. Les antiques industries nationales ont été anéanties et le sont encore tous les jours. Elles sont supplantées par de nouvelles industries dont l'introduction devient une question de vie ou de mort pour toutes les nations civilisées : ces industries ne recourent plus à des matières premières locales, mais à des matières premières en provenance des régions les plus lointaines, et leurs produits finis ne sont plus seulement consommés dans le pays même, mais dans toutes les parties du monde à la fois. [...] L'autosuffisance et l'isolement régional et national d'autrefois ont fait place à une circulation générale, à une interdépendance générale des nations. Et ce pour les productions matérielles aussi bien que pour les productions intellectuelles. [...] Le bas prix de ses marchandises est son artillerie lourde, avec laquelle elle rase toutes les murailles de Chine, avec laquelle elle contraint à capituler les barbares xénophobes les plus entêtés. [...]. » (*Manifeste du Parti communiste.*) Nous sommes en 1848.

Et la métaphore de la muraille de Chine fait sourire. Ce qu'il décrit n'a fait que se confirmer et se développer. Toutefois, je préfère l'auteur du *Capital* à celui de ce *Manifeste*. Je préfère l'analyse à ce texte hybride qui se perd déjà dans des manœuvres politiques avec les autres partis d'opposition en Europe. Et puis on frémit en lisant l'appel final violent à la révolution. Le raisonnement étant le suivant : cette révolution du prolétariat se fonde sur la réussite de la révolution bourgeoise. Ils ont bien renversé l'Ancien Régime, alors, pourquoi le prolétariat ne parviendrait-il pas à faire de même avec la bourgeoisie ? Cela a été violent, nous aussi, nous sommes sans pitié. Sauf qu'au final les régimes apportés par la révolution bourgeoise ne seront pas totalitaires. À travers plus d'un siècle de soubresauts, la démocratie parlementaire est devenue la norme. La dictature du prolétariat l'est (totalitaire). Même si les phrases finales « Les prolétaires n'ont rien à y perdre

que leurs chaînes. Ils ont un monde à gagner »
sont belles. Et on sait qu'à l'époque ces chaînes
n'étaient pas un vain mot. Mais l'on comprend
aussi à lire ces lignes qu'aujourd'hui une partie
de l'électorat d'extrême gauche passe à l'autre
extrême. La xénophobie peut être commune : les
« barbares xénophobes les plus entêtés » cités
par Marx s'insurgeant contre la dénationalisation de l'économie, et l'autre contre la prétendue
dénationalisation de leur identité. Les deux
se nourrissent. Par l'où on voit que l'identité
personnelle passe par l'économie : « être français » (ou italien, ou belge, ou anglais...), c'est
être lié à un travail français (ou italien, ou belge,
ou anglais). Voir d'autres nationalités soi-disant
prendre ce travail, serait donc aussi perdre son
identité nationale. Il faut l'entendre cette perte
d' « être au travail » comme perte d'identité. Et
réfléchir aux moyens de court-circuiter ce qui
fonde cette identification et cette création d'un
ennemi imaginaire. L'argent-roi, le travail-roi

de ces dernières décennies n'y sont sans doute pas étrangers, c'est le cas de le dire.

J'ajoute pour que tu ne lises aucune ambiguïté dans mes propos : pour moi, s'il y a des points historiques qui permettent d'expliquer en partie pourquoi des gens de gauche se retrouvent dans des partis d'extrême droite, il n'y a en revanche, sur le plan politique, aucune identification possible entre le nazisme et le communisme. Certes des millions de morts se comptent des deux côtés, mais, et je n'entrerai pas dans une problématique historique largement commentée depuis des décennies, il suffit de lire *Le Capital* ou même le *Manifeste du Parti communiste* que je viens d'évoquer et comparer ces textes avec un *Mein Kampf*. Les adeptes du « ni ni » aujourd'hui qui semblent mettre sur un même pied « gauche et extrême droite » pour des raisons purement politiciennes devraient s'en souvenir. Car on ne peut espérer qu'ils puissent lire *Spectres de Marx* du regretté Jacques Derrida.

Bien à toi,

ysl

Lettre XVII

À : rose.selavy@free.fr

Chère Rose,

Je suis hantée par une image. Celle de cette femme qu'on a un jour amenée dans le lit à côté du mien à l'hôpital. Impossible de lui donner un âge. Elle pouvait être la mère comme la femme voire la fille de l'homme d'une cinquantaine d'années qui l'accompagnait. Son visage était tellement décharné que la mâchoire rendue visible sous la peau lui donnait une sorte de sourire rictus permanent. Elle parlait encore, mais très bas et lentement. Elle a vaguement regardé la télévision puis s'est endormie. Ses affaires de toilette dans la petite salle de douche témoignaient d'une vie avec crèmes de soin, parfum, brosse à cheveux, de cette vie qui s'en allait. Je suis descendue pour aller faire un tour de reconnaissance dans la chapelle de l'aile centrale. Elle était fermée, je me suis retenue d'y lire le signe d'un dieu absent. J'ai été m'asseoir sur un des bancs de la cour jardinée de petits buis, d'arbustes pour l'ombre et de massifs de fleurs. Ciel parisien, lumineux avec nuages perle. J'ai eu du mal à retenir mes larmes. Ce ciel, la discrète beauté des choses, l'air doux qui passe, tout cela allait sans doute m'être ôté. Et c'était injuste. Qu'avais-je donc fait qui mérite ce destin? Pour cesser de m'apitoyer sur moi-même, je me suis levée et suis retournée dans ma chambre. La femme n'était plus là. Elle n'était pas juste sortie. Sa trousse de toilette, ses chaussons n'étaient plus là. Si elle avait été conduite dans un autre service pour des examens, tout n'aurait pas disparu. Je n'ai pas osé demander aux infirmières ce qu'elle était devenue. Mais je n'ai pas pu m'empêcher de penser qu'elle avait rendu son dernier souffle en mon absence. Peut-être avait-elle même attendu que je parte pour cela. Pourtant cela avait été si court. Moins d'une heure. Ou alors la mort l'avait-elle surprise dans ce que je croyais être son sommeil ? Elle serait décédée à côté de moi, sans que je le sache. Ce ne serait donc que cela, de sauter le pas ? Un passage quasiment imperceptible ?

Toujours en pensée,

ysl

Lettre XVIII

À : greg1234@bu.edu

Objet : Livraison 5, Les tisserands

Bonjour Grégoire,

Dans notre suite chronologique, nous en étions arrivés à la fin du Moyen Âge. Entre-temps Madeleine m'a fait lire le *Manifeste du Parti communiste*. « Un spectre hante l'Europe ». Je vais donc prendre une voie de traverse pour en venir à cette affaire, en suivant un personnage qui nous vient des temps les plus reculés et qui a joué un rôle particulier dans les révolutions du XIXe siècle.

Un personnage hante l'histoire du travail, l'histoire de ceux qui l'ont pensé à nouveaux frais à partir du XIXe siècle. Le tisserand. Le tissu, le textile, la toile, le web... Voilà des matières à penser. Le texte est bien un tissage. Un professeur que j'ai eu à l'université aimait nous rappeler la profession de son père, industriel du textile. La revue littéraire qu'il a d'ailleurs fondée lui rend hommage à sa manière (*Textyles*). Et le père d'Engels avait fait fortune dans ce même secteur. Lorsqu'il rencontre Marx en 1844 (ils sont jeunes encore, respectivement 24 et 26 ans), la première révolte ouvrière éclate en Allemagne, celle des paysans tisserands de Silésie. Leur situation ressemble à celle de bien d'autres à travers l'Europe. La France assistait à la fameuse révolte des Canuts en 1831. Tout au long du siècle, les tisserands se sont révoltés contre leur situation. Et cette situation est emblématique du passage de l'artisanat du Moyen Âge à l'industrialisation du XIXe siècle. On sait que cette activité a toujours été exercée selon plusieurs modalités : travail « indépendant », travail à façon pour un commanditaire, travail dans des ateliers pour un fabricant-marchand. Ce sont ces différentes modalités qui vont se résorber l'une dans l'autre, à travers les manufactures dans un premier temps, puis les industries textiles. Les tisserands sont également emblématiques du passage du monde rural au monde urbain caractéristique de l'ère industrielle. Les tisserands à façon jusque tard dans le XIXe siècle, selon les régions, sont souvent paysans. Le travail de tissage permettant de compléter le revenu de la terre. Mais un processus de prolétarisation va les frapper. « Tisseurs, gaziers et tullistes deviennent alors des ouvriers à façon, bientôt des ouvriers salariés. Éloignés peu à peu du monde paysan, dépossédés de leurs petits patrimoines fonciers, astreints à de nouvelles disciplines de travail, ils se voient repoussés au bas de la hiérarchie sociale villageoise. Bientôt la misère et la surpopulation vont les contraindre à rejoindre la ville » (je te cite une thèse de 1996 de Didier Terrier). Et la misère va les soulever. Ceux de Silésie, qui ont vécu la même trajectoire que ceux du Cambrésis. Leur mouvement a été décrit dans la *Gazette rhénane* par un certain Ferdinand Wolff, camarade chroniqueur de Marx et Engels. C'est une prise de conscience. D'une certaine manière, le sort de ces tisserands va nourrir leur réflexion et leur engagement. Facétie de l'histoire : Engels doit sa fortune à celle de son père dans l'industrie textile anglaise, c'est elle qui permettra d'aider financièrement Karl à la fin de sa vie.

J'oubliais. Weber, celui de *L'Éthique protestante et l'esprit du capitalisme* : son nom signifie tisserand en allemand.

Autre petite note : l'industrie textile, c'est le premier milieu de travail d'un jeune garçon de 16 ans, dans les environs de Rouen, à Elbeuf plus précisément, qui deviendra un jour ministre puis premier ministre, sous les premiers gouvernements socialistes en France, et qui se suicidera un 1er mai 1993. L'usine a pour nom Fraenckel et Herzog. Les Herzog, drapiers d'origine alsacienne, ont dans leur descendance un certain Émile Salomon, plus connu sous le nom de plume d'André Maurois.

À toi,

ysl

Lettre XIX

À : rose.selavy@free.fr

Ma chère Rose,

Je parle beaucoup du travail, me dis-tu, mais quasiment pas de mon travail. Tu as raison. Et je regrette un peu de t'avoir écrit abstraitement il y a quelque temps que l'on passe beaucoup de son temps au bureau avec des personnes qui ne vous sont pas grand-chose. C'est vrai en théorie, on ne choisit pas souvent. Dans la pratique, on y fait de vraies rencontres. Mais ces rencontres ne doivent rien à l'environnement, elles sont comme toute rencontre, le fait du hasard. Il se trouve que cela s'est produit au travail. Et la réelle amitié y reste rare. Comme dans la vie. Il y a aussi ce phénomène que les sociologues appellent les « liens faibles » qui, malgré le sens dépréciatif de l'adjectif, sont des liens importants, qui nous relient les uns aux autres, nous font exister en tant qu'être social. Le voisin que l'on salue en le croisant au pied de l'immeuble, l'institutrice qui a votre enfant en classe à qui l'on sourit en sortant de la boulangerie, le copain de votre fils qui passe 5 minutes à la maison. Autant de petites connexions qui manquent quand on déménage, quand on part à l'étranger encore plus. Il faut du temps pour les faire repousser ailleurs. Au travail aussi, ces liens faibles sont importants. Et c'est pour eux que la plupart des gens restent attachés à un poste, fût-il peu gratifiant (de notre point de vue). Aller au boulot, c'est sortir de chez soi, voir d'autres personnes, partager des joies et des peines. Toutes ces personnes croisées, avec lesquelles le travail se fait, façonnent les existences. L'ouvrière de M. à qui on vient d'annoncer un plan de licenciement a cette phrase : « Mais que vais-je devenir ? » Ce « devenir », cela signifie à la fois comment vais-je vivre et qui vais-je être ? Quelle va être ma vie désormais ? Sans le travail, à quoi se réduit-elle ?

Bien des questions sans réponse.

Je t'embrasse,

ysl

Lettre XX

À : rose.selavy@free.fr

Ma chère Rose,

Je fuis, me dis-tu. D'accord, je n'ai pas encore répondu à la question concernant *mon* travail. Mais voilà que tu m'interroges sur l'amour et le travail, ou l'amour au travail. Chose auxquelles je n'ai guère pensé. Car cela ne m'est jamais arrivé et autour de moi ce sont ou des expériences désastreuses ou sans lendemain. La féministe que je suis y lit souvent d'ailleurs, dans ces expériences, un autre aspect de la domination (masculine, est-il nécessaire de préciser ?). Bien souvent, lorsqu'un homme ose aborder une collègue sur ce plan-là, c'est un supérieur hiérarchique. On voit assez peu d'ouvriers essayer de gagner les faveurs d'une contremaître (contremaîtresse ?), l'inverse étant plus classique. Mais tu m'as donné l'idée d'un roman ou d'un scénario de film : une histoire d'amour au sein d'une entreprise entre une femme d'un certain statut et un homme tout en bas de l'organigramme. Cela pourrait être un agent d'entretien et une DG. On voit tout de suite les obstacles et les nœuds de l'intrigue. Mais cela existe sans doute déjà. Pourrais-tu me dire ?

En attendant,

Bien à toi,

ysl

Lettre XXI

À : greg1234@bu.edu

Mon cher Grégoire,

Pas mal, m'écris-tu, ce petit motif autour du tisserand. Mais, de la Renaissance au XIXe siècle, que se passe-t-il ? Beaucoup de choses et en même temps une certaine permanence. Bien des universitaires ont contesté à Weber justement l'idée que le capitalisme trouverait ses racines dans une éthique protestante ; il se signalerait d'abord en Italie, dans une Florence de la Renaissance marchande et catholique. Si l'on ne veut pas rentrer dans les détails, il semble en effet que les justifications chrétiennes du travail au sortir de son rejet antique et médiéval se basent bien sur un respect pour le temps, de ne pas le gaspiller. Donné par Dieu, peut-être court, tout doit être mis en œuvre pour qu'il ait du sens, pour le faire fructifier. Peu à peu donc, le « travail dur et sans relâche », le travail comme ascèse, va développer le commerce et la proto-industrie. Si des fondements théologiques vont accompagner toute une pensée contre l'oisiveté, source de misère, l'organisation du travail lui-même, lié aux activités marchandes et manufacturières connaît une certaine permanence (voir sur ce point la synthèse de Robert Castel dans *La Montée des incertitudes*). En France, c'est le pouvoir royal qui maîtrise le jeu (manufactures royales, architecture, etc.). Bien évidemment la fin de l'Ancien Régime fait basculer une économie étatique vers le capitalisme bourgeois, pour reprendre l'expression de Marx. Faisons donc bref et partial. Dévalorisation de la notion de travail de l'Antiquité au Moyen Âge. Puis arrivée à la fin du XIVe et à la Renaissance d'une valorisation progressive fondée sur des concepts théologiques chrétiens qui, dans la pratique, vont contribuer concrètement à l'essor économique de l'Occident. Système aux mains de la bourgeoisie et de l'aristocratie, ou du pouvoir royal. À la fin de l'Ancien Régime et des révolutions européennes, il passe, avec la pré-industrie du XVIIIe siècle et l'industrialisation du XIXe, à une idée différente du travail et une réalité concrète fondamentalement éloignée de ce que pouvait constituer le travail jusque dans l'Ancien Régime. L'aliénation par le travail. Qui est une réalité encore aujourd'hui. Ici et ailleurs.

Amitiés,

ysl

Lettre XXII

À : greg1234@bu.edu

Mon cher Grégoire,

Tu reviens, à raison, sur le prétendu mépris antique du travail. Tu as raison, des textes qui nous viennent du fond de l'histoire, quelle relation authentique nous donnent-ils de la réalité ? Construction, simplification, démonstration, tous ces écrits qui nous sont venus travestissent peut-être une part de la « vraie vie des gens » et les recherches récentes dans le domaine tendraient à le prouver (voir Nicolas Tran, « Les gens de métier romains : savoirs professionnels et supériorités plébéiennes », qui montre le décalage entre les textes littéraires et la connaissance archéologique des pratiques quant au travail). Toutefois, une anecdote connue des physiciens vient témoigner du décalage, de la différence fondamentale de l'esprit antique et de notre mentalité moderne. Et elle fait rêver. On dit dans le milieu des scientifiques que les Romains auraient pu inventer la machine à vapeur. Un Grec, mais vivant à l'époque de Pline l'Ancien, du nom d'Héron d'Alexandrie, a inventé l'éolipyle, une machine qui faisait tourner une sphère grâce à de la vapeur d'eau actionnant des bras. Le principe d'une force mécanique due à la vapeur d'eau est donc bien là. Il aurait suffi de développer, d'avoir un objectif. Mais on considérait à son époque Héron plutôt comme un farfelu, inventant des systèmes de diffusion de (faux) oracles ou de distributeur payant d'eau bénite (tout cela nous est rapporté par Grégoire de Nazianze), n'accordant guère d'importance à ces recherches, n'y trouvant qu'un passe-temps agréable, et se posant davantage comme mathématicien (trouvant au passage certaines formules). Nous sommes dans des sociétés où Xénophon pouvait écrire : « Les arts appelés mécaniques sont décriés, et c'est avec raison que les gouvernements en font peu de cas. » (J'ai lu la citation dans un vieil ouvrage d'Alain Touraine sur le travail.) La mécanisation n'est pas ressentie comme une nécessité. Pourquoi passerait-on du temps à inventer des machines et pourquoi s'en encombrerait-on lorsque les esclaves se chargent bien de tous ces travaux, y trouvent une justification à leur existence même ? Les progrès énormes de l'industrie au XIXᵉ siècle, la machine qui remplace l'homme et le rabaisse au rang de « bête humaine », est véritablement ce qui signe le changement du travail il y a deux siècles. La relation n'est plus directe à la chose à faire, à l'acte à accomplir, l'existence de l'homme ne s'y justifie plus, et a dans ce contexte un objectif qui le dépasse et ne dépend plus de lui, la rapidité, la rentabilité. Non plus la satisfaction d'un beau tramé de lin mais la quantité tissée pour M. X qui a des commandes pour les Indes britanniques.

Si les Romains avaient inventé la machine à vapeur, la face du monde en eût été changée. Et un Marx serait né au IIIe siècle ... Où en serions-nous aujourd'hui ?

Bien à toi,

ysl

Lettre XXIII

À : rose.selavy@free.fr

Chère Rose,

Le fils adolescent d'une de mes voisines de chambre, d'origine asiatique, venait prendre son repas de midi avec elle. Sans doute n'avait-il pas encore repris le chemin du lycée en cette toute fin d'été. Très doux. Parlant peu. Il installait la tablette le long du lit pour que sa mère puisse avoir accès à son assiette et que lui puisse mettre une chaise juste de l'autre côté. Il apportait son propre repas et lui en proposait des bouts, elle qui se contentait des purées et légumes cuits à l'eau des hôpitaux. Ces moments étaient très beaux. Concentrés dans l'instant, délivrés de devoir parler (de la fatigue, du traitement, des symptômes, des craintes sur l'avenir), juste être là. Un être-là pourtant singulier, dont on ne pouvait nier la singularité. Les cheveux épars, quelques touffes encore présentes ici ou là, donnaient au visage un aspect de bébé, elle qui avait le visage plutôt rond. Pourtant chez le fils, aucune condescendance, aucune inversion de la relation. C'était sa mère. Et même dans ces conditions extrêmes, elle le restait absolument. Il l'aimait et la respectait, malgré les « accidents de l'être » (au sens philosophique) qui ne modifiait en rien son essence. Il y avait également une confiance. Le malheur présent était assumé, mais il n'empêchait pas que ces repas soient pris en tant que tels, sans le pathos auquel les Européens se livrent parfois, sans poids ni tristesse. Les gestes, le fait de se nourrir, cela constituait des moments de bonheur. Et le mot de bonheur ici prend tout son sens. Ces Chinois étaient peut-être bouddhistes. Bonheur de la vie qui est là, qui persiste, qui aura peut-être le dernier mot avant l'âge de la vieillesse, bonheur de l'instant qui est éternité et qu'il faut vivre comme tel. J'espère de tout mon cœur que cette femme est en phase de rémission, que le souffle de vie universel est toujours en elle.

En pensée avec toi,

ysl

Lettre XXIV

À : greg1234@bu.edu

Objet : Sénèque, livraison 1

Mon cher Grégoire,

Dans notre parcours historique, nous avons beaucoup évoqué l'Antiquité. Parmi les écrits des Romains de l'époque, outre Ovide et ses *Pontiques*, c'est Sénèque qui me parle. J'ai toujours aimé cet homme, sans doute à cause d'une photo de son buste qui se trouvait dans mon manuel de latin quand j'étais élève. Il avait une bonne tête, il paraissait proche. Je trouve qu'une partie de sa pensée rejoint nos réflexions actuelles sur le travail. Entendons-nous d'ailleurs sur ce terme.

Cela touche non le travail comme labeur, *tripalium* (le *tripalium* en latin ne désigne pas autre chose qu'un instrument de torture, destiné à châtier les esclaves), mais plutôt l'activité ou la profession (un des caractères modernes du travail est bien d'avoir fait entrer le *tripalium* dans l'activité, la profession, comme celle des mineurs, des fraiseurs-tourneurs). Un de ses thèmes principaux : le bonheur, qu'est-ce que le bonheur et comment l'atteindre, et qui, dans ce que je vis, me touche particulièrement, comme tu l'imagines, rencontre la question du travail. Le travail permet-il le bonheur ou est-il une entrave ? J'aimerais t'envoyer quelques textes qu'il me semble intéressant de relire. Et avant, puisque tu n'es pas un spécialiste ni de la période ni de cette littérature (moi non plus d'ailleurs, mais le temps m'est donné pour le moment de lire), voici quelques petits rappels. Les textes que j'ai choisis font partie de la deuxième moitié de sa vie. De 45 environ à 62 après Jésus-Christ. Il est souvent difficile de dater précisément l'écriture de ces écrits, on les place avant ou après certains événements. Un des faits importants de la vie de Sénèque a été sa relégation en Corse sur ordre de l'empereur Claude pour une sombre histoire d'adultère avec une des sœurs de Caligula (empereur auquel a succédé Claude). Le premier texte aurait été écrit un peu avant. C'est un « dialogue » adressé à son beau-père Paulinus et intitulé *De brevitate vitae*. Une réflexion sur le temps de la vie et comment en user avec le plus de discernement eu égard aux objectifs véritables et au « souverain bien » qu'une vie s'assigne. Le deuxième texte se situe pendant la période de l'exil en Corse ; il s'agit d'une consolation adressée à sa mère Helvia. Le texte se termine sur l'affirmation paradoxale qu'il n'a jamais été aussi heureux. Après cet épisode heureux-malheureux, il est de retour en grâce, reste proche du pouvoir et devient le précepteur de Néron jeune, puis son conseiller lorsque ce dernier succède à Claude. Caligula, Claude, Néron, Agrippine, Messaline, autant de noms qui n'augurent pas d'un contexte simple et serein dans la vie d'un homme ... Et pourtant *De vita beata*, revient sur la question du bonheur, en propose une sorte de synthèse. On sent le poids de l'expérience (il a alors autour de 60 ans) et une curieuse énergie à se défendre contre les attaques dont il est alors victime. On jalouse sa proximité avec le pouvoir et surtout sa richesse. Contradictoire, semble-t-il, avec ses préceptes stoïciens. La jalousie qu'il provoque ne sera plus grand-chose lorsqu'il devra, sur ordre de Néron, se suicider.

Sa vie est donc complexe. C'est un homme tiraillé. Il est d'abord attiré par la compréhension du monde, de la *natura*, puis happé par la politique. Il est fortuné, mais recherche l'ascèse. L'action a été au centre de sa vie, et pourtant il se veut contemplatif.

À bientôt, pour te parler de Sénèque,

ysl

Lettre XXV

À : greg1234@bu.edu

Objet : Sénèque, livraison 2

Cher Grégoire,

Encore Sénèque, donc.

Engagé depuis de nombreuses années dans la vie publique et politique, Sénèque exprime déjà un désir de s'en éloigner, dans le dialogue à son beau-père *De brevitate vitae*, il dit les obstacles au bonheur par le temps que l'on consacre aux activités professionnelles.

VII, 6-10 (*passim*) *De la vie heureuse. De la brièveté de la vie*, texte établi et traduit par A. Bourgery, « CUF », Les Belles Lettres, 1930.

Tu entendras la plupart de ceux qu'une grande félicité accable s'écrier de temps à autre au milieu d'une bande de clients, des plaidoiries et autres misères honorifiques : « Je n'ai pas le droit de vivre. » Comment l'aurais-tu ? Tous ceux qui t'appellent à eux t'enlèvent à toi. Que de jours t'a ravis cet accusé ? Et ce candidat ? Et cette vieille, lasse de conduire le convoi de ses héritiers ? Et ce faux malade qui s'amuse à exciter l'avidité des captateurs de testaments ? Et cet ami puissant qui vous garde non pour l'amitié, mais pour la parade ? Fais la balance, te dis-je, passe tes jours en revue : tu verras qu'un petit nombre, et le déchet, t'est resté. Celui-là, après avoir obtenu les faisceaux qu'il avait souhaités, désire les déposer et répète : « Quand cette année passera-t-elle ? » Celui-ci donne des jeux qu'il savait gré au sort de lui attribuer : « Quand dit-il, en sortirai-je ? » On s'arrache un avocat au forum, une foule énorme s'amasse plus loin qu'on ne peut l'entendre : « Quand, dit-il, les affaires sont-elles remises ? » Chacun laisse sa vie s'abîmer et souffre du désir de l'avenir, du dégoût du présent. Mais celui qui consacre tout son temps à son profit personnel, qui organise tous ses jours comme une vie entière, ne désire le lendemain ni ne le redoute.

VIII, 1-5

Je m'étonne toujours quand je vois des gens demander à d'autres leur temps, et ceux qui sont sollicités, si prompts à l'accorder ; tous deux considèrent ce pour quoi on demande ce temps, mais le temps lui-même, personne ; on dirait que ce qu'on demande n'est rien, ce qu'on accorde, rien. Le bien le plus précieux de tous devient un jouet ; mais nous n'en avons pas conscience, parce qu'il est immatériel, parce qu'il ne tombe pas sous les yeux ; et pour cette raison on l'estime très bas, je dirais presque qu'on ne lui accorde aucun prix. Les hommes aiment beaucoup à recevoir des pensions, des allocations ; ils leur consacrent leur peine, leur soin, leur application ; personne n'estime le temps ; on en use largement comme s'il ne coûtait rien. Mais ces gens, vois-les malades, s'ils sont en danger de mort, aux genoux de leur médecin ; s'ils craignent la peine capitale, prêts à dépenser tout leur avoir pour vivre. Tant les passions chez eux sont discordantes ! Si l'on pouvait présenter à chacun le compte des années à vivre comme celui des années passées, comme ceux qui verraient le peu qui leur en reste trembleraient, comme ils les épargneraient ! Or, il est facile d'administrer ce qui est tout petit, mais sûr ; il faut conserver le plus soigneusement encore ce qui te fera défaut à une date inconnue. Ne va pas t'imaginer pourtant que ceux-là ignorent le prix de la chose : ils disent de ceux qu'ils aiment beaucoup qu'ils sont prêts à leur donner une partie de leurs années. Ils donnent inintelligemment : à la façon dont ils donnent, ce qu'ils s'ôtent ne profite à personne. Le fait même qu'ils s'ôtent quelque chose reste ignoré d'eux ; c'est pourquoi ils supportent aisément une perte qui ne leur est pas sensible. Personne ne refera tes années, personne ne te rendra à toi-même ; la marche de ton existence se poursuivra sans remonter ou interrompre son cours ; elle ne fera pas de bruit, ne t'avertira pas de sa rapidité ; elle coulera silencieuse ; ni les ordre d'un roi, ni la faveur d'un peuple ne la prolongeront ; suivant l'impulsion reçue au premier jour, elle courra, sans s'arrêter, sans retard. Qu'arrivera-t-il ? Tu es occupé, la vie passe ; cependant la mort viendra et il faudra que, bon gré mal gré, tu t'y livres.

Bien à toi,

ysl

Lettre XXVI

À : greg1234@bu.edu

Objet : Sénèque, livraison 3

Cher Grégoire,

Sénèque s'adresse ici à sa mère Helvia, alors qu'il est relégué en Corse par l'empereur Claude. L'exil, l'éloignement sont un contexte peu propice au bonheur. Pourtant Sénèque se déclare « au comble du bonheur ». Car son âme est « dégagée de tout vain embarras ». Il peut s'adonner à des activités qui le passionnent.

Consolation à Helvia, XX, texte établi et traduit par R. Waltz, « CUF », Les Belles Lettres, 1923.

Au reste, comme il est inévitable, quoi que tu fasses, que ta pensée revienne à tout moment vers moi, comme il n'est, à l'heure présente, aucun de tes enfants dont l'image s'offre aussi souvent à ton esprit – non que les autres te soient moins chers, mais parce qu'il est naturel de porter surtout la main où l'on souffre –, voici l'idée que tu dois te faire de moi : j'ai l'allégresse et la sérénité d'un homme au comble du bonheur. Et n'y suis-je pas en effet, quand mon âme, dégagée de tout vain embarras, suit sa vocation véritable, et tantôt se récrée à de menus travaux, tantôt s'élève, passionnée de vérité, à la contemplation de sa nature et de la nature de l'univers ?

Elle étudie d'abord la terre et sa structure, puis le régime des mers qui l'enveloppent et l'alternance du flux et du reflux ; elle observe ensuite l'intervalle qui sépare le ciel de la terre et cet espace, royaume de l'effroi, où le tonnerre, la foudre, les vents, les pluies, les neiges et la grêle entretiennent un bouleversement perpétuel ; enfin, après avoir exploré ces zones inférieures, elle s'élance d'un bond jusqu'au sommet des cieux et jouit du magnifique spectacle qu'offre à ses yeux le monde divin : elle parcourt, reprenant conscience de son éternité, tout le passé et tout l'avenir, d'un bout à l'autre des siècles.

Je t'espère à Boston, « au comble du bonheur »,

Bien à toi,

ysl

Lettre XXVII

À : greg1234@bu.edu

Objet : Sénèque, livraison

Mon cher Grégoire,

Au moment du *De vita beata*, dialogue adressé à son frère Novatus (qui se faisait appeler Gallion), Sénèque réaffirme un certain nombre de préceptes :

I, 1

Vivre heureux, mon frère Gallion, tout le monde le désire ; mais pour voir parfaitement en quoi consiste ce qui rend la vie heureuse, personne n'y voit clair ; et il est si peu facile de parvenir au bonheur que chacun s'en éloigne d'autant plus qu'il ne s'y précipite qu'avec plus d'ardeur, pour peu qu'il s'écarte de la bonne voie ; et lorsque la nôtre nous mène en sens opposé, notre hâte même accroît la distance.

IV, 2-4

On peut aussi le définir en disant que l'homme heureux, c'est celui pour qui il n'y a de bon et de mauvais qu'une âme bonne ou mauvaise, qui pratique le bien, se contente de la vertu, qui ne se laisse pas exalter ni briser par les coups de la fortune, qui ne connaît pas de bien plus grand que celui qu'il peut se donner à lui-même, pour qui la vraie volupté est le mépris des voluptés. On peut, si l'on veut faire une digression, présenter la même idée sous tel ou tel autre aspect sans en altérer le sens profond : qu'est-ce qui empêche en effet de dire que le bonheur, c'est une âme libre, élevée, intrépide, constante, inaccessible à la crainte comme au désir, pour qui le seul bien est la beauté morale, le seul mal, l'avilissement, et tout le reste un amas de choses incapables d'enlever ou d'ajouter rien au bonheur, allant et venant sans accroître ni diminuer le souverain bien ? Un principe aussi solidement établi entraînera nécessairement, qu'on le veuille ou non, une gaîté continuelle, une allégresse profonde et qui vient du fond de l'être, puisqu'elle met sa joie dans ce qu'elle possède et ne désire rien au-delà de ce qu'elle trouve dans son milieu. Comment ne pas y trouver une large compensation à ces mouvements mesquins, frivoles et sans lende-main de notre pauvre corps ? Le jour où l'on se sera laissé dompter par la volupté, on le sera par la douleur ; tu vois quelle triste et funeste servitude devra subir celui que plaisirs et douleurs, les plus capricieux et les plus tyranniques des maîtres, vont posséder tour à tour : donc il faut trouver une issue vers la liberté.

Sur ces mots de Sénèque, je te salue,

Amitiés,

ysl

Lettre XXVIII

Cher Grégoire,

Je rêve à ces derniers mots : donc il faut trouver une issue vers la liberté. Sénèque songe ici à une liberté envers la tyrannie des plaisirs, mais comment ne pas entendre résonner aussi un appel vers une liberté plus générale, une liberté à l'égard de servitudes qu'il dénonce dans *De brevitate vitae*, servitudes de l'occupation publique, professionnelle, qui empêche de vivre le temps qui est peut-être compté. On est loin de cette idée qui viendra quelques siècles plus tard, où précisément, parce qu'il est compté, le temps doit être pleinement occupé par le travail, on est loin aussi des recommandations stoïciennes qui commandent l'action, de « travailler au bien de la société ». C'est peut-être dans cette disjonction que se situe chez Sénèque la notion d'*otium*. Il l'a abordée dans *De otio*, pour justifier sa retraite, son retrait de la vie publique. Il y confie à Sérénus que cette retraite, ce loisir ne sont pas contraires aux idées stoïciennes (ou épicuriennes puisqu'il fait converger les deux écoles, par deux mouvements opposés vers un point semblable) : « Ils [Zénon ou Chrysippe] n'avaient pas, dira-t-on, la situation ou le rang qu'exige en règle générale, le maniement des affaires. Mais ils n'ont pas pour autant passé leur vie dans la paresse : ils ont trouvé moyen de rendre l'oisiveté d'hommes comme eux plus utile à l'humanité que toute l'agitation et la sueur des autres. » (*De otio*, VI, 4). Sénèque parle alors d'une « oisiveté librement choisie ».

Je dois te laisser, j'ai un rendez-vous pour un scanner.

Vale comme ils disent,

ysl

Lettre XXIX

À : greg1234@bu.edu

Objet : *De otio*

Mon cher Grégoire,

Le texte du *De otio* nous est parvenu incomplet. C'est un fragment. Sans début, sans fin. J'ai toujours aimé ces fresques romaines montrant des visages apâlis (comme disaient les symbolistes), partiels, effacés, dont on devine le regard. Leur expression témoigne dans leur matérialité même de la distance temporelle, leur éloignement est comme exhibé, traces de visages disparus depuis des siècles, qui sont aussi et surtout traces de ce temps qui a passé, de ces siècles écoulés. Figures du temps. Ces yeux sombres, sur des pommettes aux couleurs délavées, à quoi pensent-ils, quelles images passent devant eux, des après-midi de soleil, des champs de vignes, des ateliers où tombent les mètres de tissu de lin, des pénombres bienfaisantes où vacillent des lueurs de lampes à huile ? Parfois les textes aussi se font traces, ceux de Sénèque jettent de ces éclats incertains. Ce que j'en dis est certainement faux. Ce que j'en déduis également. Mais c'est une aide. Pour penser aujourd'hui.

Bien à toi,

ysl

Lettre XXX

À : rose.selavy@free.fr;greg1234@bu.edu

Chère Rose, cher Grégoire,

Vous voilà tous deux destinataires d'un même message. Vous verrez qu'il fait suite à des échanges que nous avons eus séparément mais qu'ils se rejoignent dans cette réponse commune.

Lorsque je disais qu'on passe plus de temps au travail avec des gens qui ne nous sont rien qu'avec les personnes qu'on aime, Rose, tu me demandais, justement, que je cesse de parler des autres, mais de moi, de mon travail. Alors, parlons-en. Ce travail m'a toujours pris trop de temps. Et tel l'homme dont parle Sénèque à

Paulinus (faisant son portrait ?), j'ai le sentiment d'être environné par des êtres qui me volent de ce temps précieux qu'on ne rattrape jamais. Non pas que je n'aime pas ce travail, j'ai la chance de faire partie des gens qui voient dans leur travail des objectifs utiles, qui s'y impliquent personnellement, par goût, par inclination, mais mon problème, et vous le connaissez, c'est que j'ai un autre métier. D'aucuns diront que ce n'est pas un métier, ni une profession. Un *otium* sans doute au sens que Sénèque lui donne, précisément. Une activité librement choisie, qui n'a pas de rapport avec le monde de la politique, des affaires, le monde tel qu'il tourne, mais en retrait de lui. Ce retrait est le mouvement même de l'écriture. Et sans doute est-il incompatible avec le travail.

L'homme-Sénèque devait le vivre, ce tiraillement, et ses textes témoignent de son ambivalence à l'égard d'une retraite souhaitée, tout au long de son existence, mais peu mise en pratique.

On se souvient de son exil heureux en Corse, lorsqu'il déclare à sa mère que la contemplation de la nature et la réflexion le rendent le plus heureux des hommes. C'est ce bonheur que je cherche. Que je n'ai pas encore trouvé. La maladie m'en a pourtant montré la nécessité et m'a conduite à cette réflexion sur le travail. Un travail qui, pour moi, est source de conflits intérieurs. D'une part, il faut subvenir aux besoins matériels, d'autre part, lorsque la mort soudain pointe son visage, quand on découvre que la vie sera peut-être plus courte que prévu, comment ne pas laisser libre cours à ce qui, jusque-là, n'avait guère voix au chapitre ! Mais il faut subvenir à ses besoins et à ceux de ses enfants. Il faut payer les traites d'un appartement, financer des vacances, des loisirs, et comment obliger ces enfants-là à une régression de niveau de vie ? Le retour à la case départ de la prise de conscience est inévitable. On n'en sort pas. Sauf à appeler de ses vœux un prix Goncourt, le seul qui vaille sur le plan financier. Autant jouer au loto. Dans mes précédents échanges, j'ai donc réfléchi au travail lui-même. Pour essayer de comprendre ce qu'il en était de cette servitude, au sens étymologique du terme. Et curieusement, après le petit parcours historique parcellaire, j'en arrive à la conclusion que le travail accompagne l'évolution de nos sociétés, et que peu à peu, il en même devenu le moteur. On s'en plaindra, bien évidemment, quand on voit quel mal-être il engendre, mais en même temps, je ne regrette plus d'avoir partagé avec d'autres, les mêmes limites, les mêmes souffrances, fût-ce à un degré bien moindre, que les salariés du textile ou d'autres industries. C'est un partage, une appartenance commune à *homo faber*. C'est l'essentiel de notre condition d'homme du XXIe siècle. Toutes ces heures consacrées à d'autres, au profit d'autres, que j'ai tant pleurées lors de mes tristes nuits d'hôpital, devant le peu d'années sans doute qu'il me reste à vivre, au regard aussi de ces instants grappillés, de ces interstices consacrés à l'écriture, finalement ont été nécessaires. Je ne les regrette plus. Elles ont fait l'écriture de ce texte. Elles font aussi l'écriture.

Je pense bien à vous,

Amitiés,

ysl

Lettre XXXI

À : greg1234@bu.edu

Objet : L'*otium*, bis : un oublié de 1848

Cher Grégoire,

Louis-Mathurin Moreau-Christophe. Voilà un prénom qui fleure bon son XIXe siècle. Son fonctionnaire accrochant son chapeau à un porte-manteau de bureau, au bois craquant et vernissé. Il fut fonctionnaire en effet. Mais pas dans le domaine le plus riant. Administrateur des prisons. Juriste de formation, il a d'ailleurs publié un certain nombre de textes sur la réforme des prisons en France (déjà), sur la mortalité et la folie dans le système carcéral (*bis repetita*) et pas moins de 7 volumes sur le code des prisons. Le petit ouvrage qu'il publie en 1849, chez Guillaumin et Cie, Libraires, fait donc figure d'étrangeté : *Du droit à l'oisiveté et de l'organisation du travail servile dans les Républiques grecques et romaines*. Ouvrage très documenté, mais marqué par l'esprit du moment. Fruit de nombreuses années de réflexion, sans doute doit-il beaucoup aux révolutions de 1830 et de 1848, qui ont vu les idéaux de 1789 refluer puis se réaffirmer, de manière dramatique. À une époque où la classe ouvrière porte les stigmates de l'injustice et de la souffrance de classe, les penseurs voyaient en elle une résurgence de la classe servile de l'Antiquité. Au cours de ces années, pour les penseurs et politiques engagés dans ces questions, la société antique servait de référence, de point de comparaison. Louis-Mathurin Moreau-Christophe fait souvent référence à Blanqui, et à son *Histoire de l'économie politique*, qu'il cite : « Après plus de deux mille ans, nous n'avons pas encore obtenu la réalisation de l'utopie de Platon, de ce juste milieu économique, assurant à chacun une égale répartition des profits du travail. Nous avons toujours de ces potiers enrichis négligents de leur art, et des ouvriers pauvres auxquels il faut fournir des outils qu'ils sont hors d'état de se procurer. Il y a donc bien longtemps qu'on y pense à ces terribles problèmes de l'état social que les révolutions abordent toujours sans les résoudre jamais ! Dictature, esclavage, liberté, pillage, association, aristocratie, démocratie, on y a tout usé ; l'énigme demeure encore indéchiffrable ; heureuse notre génération si la science lui en donne le mot quelque jour. » (cité par L.-M. Moreau-Christophe, Blanqui, *Histoire de l'économie politique*, I, p. 45.).

Louis-Mathurin Moreau-Christophe ne fait pas du prolétariat une sorte de servage moderne. Il s'intéresse surtout à la classe moyenne et au système des jurandes. Je le cite : « Ajoutons que c'est à cette institution [la jurande ou association de travailleurs libres d'un même ordre], tyrannique sans doute, mais prévoyante à coup sûr, que les classes ouvrières de l'Antiquité doivent d'avoir résisté si énergiquement aux causes de dissolution, d'avilissement et de misère, qui travaillent si activement et si profondément les classes ouvrières de nos jours [...] Sous ce rapport, il y a plus à prendre qu'à reprendre, peut-être, dans cette organisation du travail sociétaires des jurandes romaines, pour l'organisation du travail libre, dans les sociétés modernes. » (p. 308)

Chez les révolutionnaires, modérés ou non, le travail se pensait souvent à l'aune de l'Antiquité. Balayé lui-même par l'histoire, la carrière de L.-M. Moreau-Christophe n'a pas résisté à la révolution de 1848. Retraité malgré lui, démis de ses fonctions, il a donc tout le temps d'écrire son essai sur le travail dans les Républiques grecques et romaines. Son préliminaire le dit sans fard :

« Sous ce rapport, l'organisation du travail servile et de l'oisiveté citoyenne, chez les anciens, offre, aux investigations de la science économique, une mine précieuse de rapprochements curieux à faire et d'enseignements utiles à en tirer.

Cette organisation, personne, que je sache, n'a encore songé à se mettre en peine d'en rechercher, d'en recueillir, d'en méthodiser les éléments, épars dans les poëtes, les philosophes et les historiens de l'Antiquité.

Cette tâche, je l'ai entreprise, ainsi qu'une autre non moins sérieuse commencée depuis longtemps.

Suspendue, interrompue, puis reprise à divers intervalles, pendant mes dix-huit ans de fonctions administratives, cette tâche a pu, depuis dix-huit mois, être conduite à sa fin, et je puis aujourd'hui en produire les premiers Essais, – grâce aux loisirs forcés auxquels m'a condamné la République :

Deus nobis haec otiae fecit...

Loisirs moins provisoires, pourtant, que le DIEU qui me les a faits...

Ce qui prouve que l'OISIVETÉ peut être bonne à quelque chose..., alors même qu'on n'y a aucun droit.

MC » (p. IV-V.)

L'*otium* que son essai va étudier, c'est lui qui en a permis la mise en œuvre... Loisirs de l'étude et de l'écriture. Voilà donc un fonctionnaire heureux dans son malheur. Pendant dix-huit ans, il n'a pu finir ces études, accaparé qu'il devait être par ses tâches administratives, et gérer des prisons, quoi de plus éreintant... – surtout en ces années 1830... Mais fini le travail harassant, voici venu le temps d'écrire, enfin.

Il y a toujours un moment où cet *otium*, qui n'en n'est pas un, trouve sa nécessité, finit par être le plus fort. Circonstance extérieure, choix qui s'impose. Et le temps mis à cet aboutissement est également utile. Je ne crois pas en ces œuvres virtuelles qui auraient pu être si on en avait eu le loisir. Tous ces écrits évidemment magnifiques, pour toujours ôtés au patrimoine de l'humanité, je n'y crois pas, elles n'existent pas. (Sans doute seraient-elles d'ailleurs aussi insignifiantes que *Boy meets Girl*, à l'échelle d'une nuit.) En l'occurrence, rien ne se définit mieux que l'œuvre écrite en *être* et non en potentialité. Ainsi donc le combat chez l'écrivain entre son travail pour vivre et son travail littéraire existe, sont même consubstantiels, mais rien ne sert de rêver à des écrits qui n'ont pas eu lieu, de courir après ces chimères.

Bon retour à Paris puisque tu m'as dit être rentré,

Bien amicalement,

ysl

Lettre XXXII

À : rose.selavy@free.fr

Chère Rose,

Rémission. Comme il me fait envie ce mot. Comme j'aimerais pouvoir le prononcer pour moi. Je suis en rémission. Mais je n'y suis pas encore. Il fait écho au « en rémission de vos péchés », remise de dette, donc. Tout est pardonné. Et, vois-tu, de te le dire, des larmes me viennent. Rémission. Lorsque je pense à « tout est pardonné », je me dis, mais quoi donc ? Cette maladie serait-elle une punition ? Non, c'est plutôt : « tout le bien, tout le mal, cela m'est bien égal ». Tout est pardonné. C'est de moi que vient le pardon. Tout le bien qu'on m'a fait, tout le mal, je pardonne. Ce n'était rien. C'était la vie. Et rien ne vaut la vie.

« Mais qui parle de vivre ? » La phrase m'est revenue. Soudain. *Living on. Survivre.* Je me suis souvenue de cela. Survivre. Je suis en train de l'expérimenter concrètement. De continuer à vivre, *on and on.* Je t'explique. L'écrivain et critique français, Maurice Blanchot, sur lequel j'ai beaucoup travaillé, a fait l'objet d'études, de textes d'un certain nombre d'universitaires, et, parmi eux, Jacques Derrida. Or un de ces textes, intitulé « Living On », a été publié dans un ouvrage collectif qui a été souvent considéré comme le livre de naissance d'un école appelée « déconstruction » ou école de Yale, du nom de l'université où se sont rencontrés les chercheurs en question : Harold Bloom, Paul de Man, Jacques Derrida, Geoffrey Hartman et John Hillis Miller (dans le lot, deux Européens seulement, et encore, l'un cachait ses origines belges, l'autre était né à El-Biar en Algérie). Tous les cinq ont produit des textes sur le poème sans doute le plus célèbre et pourtant inachevé de Percy B. Shelley, « The Triumph of Life », rassemblé dans *Deconstruction and Criticism*. Le texte de Derrida commence par la question : Mais qui parle de vivre ? Et il va croiser le poème anglais avec deux récits de Maurice Blanchot, *La Folie du jour* et *L'Arrêt de mort*. Ce dernier, est, pour faire bref, l'histoire d'un sorte de « résurrection », mais raconté avec la voix narrative rogue de Blanchot. Toutes les questions concernant l'envie de mourir, d'en finir, sur ce qu'il en est de cette expérience, pour soi, pour les autres, sont abordées. À l'époque où j'ai découverts ces textes, j'étais étudiante, jamais je n'aurais imaginé que cela me reviendrait ainsi, vingt ans plus tard, cette idée que vivre, c'est survivre. Que ce qui nous est donné à vivre n'est qu'un surplus, qu'un don supplémentaire. Et que c'est cela vivre : survivre. Entre les deux, rien, sinon la pensée, la pensée de la mort à venir. L'infini de la pensée. L'animal vit, l'homme survit. La maladie révèle cette évidence cachée. Oserais-je le dire ? Jacques Derrida est quelqu'un qui a beaucoup hanté mes rêves. Après sa mort. Je m'étonnais même de cette prégnance, alors que nous n'avons jamais été intimes. « Apprendre à vivre enfin. » Ce sont les derniers mots publiés de lui, extrait d'une interview faite quelques semaines avant son décès. Je me souviens très précisément de ma dernière conversation avec lui au téléphone. J'étais appuyée à la fenêtre de la cuisine de notre appartement à Alésia. Avant les grandes vacances, nous étions en plein déménagement pour la Normandie, fuyant Paris, avec les enfants en bas âge. Il était malade depuis quelques mois déjà, il m'a dit prendre un nouveau traitement et espérer qu'il soit efficace. Et je me vois aujourd'hui prendre aussi des traitements en espérant qu'ils soient efficaces. Je m'inquiétais de

sa forme mais il me disait « aller plutôt bien ».
Comme moi je dis « aller bien ». Il m'a souhaité
un bon déménagement. On s'est dit au-revoir. Il
est mort à l'automne. J'ai pleuré seule dans mon
bureau en regardant le chêne par-delà la fenêtre.

Je t'embrasse.

ysl

Lettre XXXIII

À : rose.selavy@free.fr

Chère Rose,

La douleur, même tout à fait supportable, est ce que la maladie a trouvé pour se rappeler à votre bon souvenir. Munie de petites mains opiniâtres, elle tente de vous entraîner vers ce puits sans fond qu'est la peur de la fin, l'incertitude muée en reddition, en acceptation d'une issue fatale. Cycle infernal, dynamique négative qui d'une peur de mourir va plus sûrement à la mort elle-même, parce qu'on a déjà rendu les armes avant même de combattre. Voilà sa victoire. Eh bien qu'elle vienne encore plus forte, cette douleur, je l'attends de pied ferme, je la surmonterai, je briserai son cercle vicieux.

Bien à toi,

ysl

Lettre XXXIV

À : greg1234@bu.edu

Objet : Kafka

Cher Grégoire,

L'être déchiré entre sa vocation d'écrivain et sa vie sociale, il y en a une typologie. De Kafka à Bauchau. À moins d'être soi-même rentier, d'avoir hérité, d'être sans enfant, sans charge d'âme. Mais pour un Hugo, combien de Vallès ? Et qui ne s'est jamais interrogé sur Rimbaud ? Au fond, a-t-il été heureux sous les soleils brûlants d'Aden ? « Tu as bien fait de partir, Arthur », pas si sûr. La typologie existe, de l'homme à deux métiers (voir les travaux de Lahire) : enseignant, journaliste, homme de lettres en général (je renvoie ici aux études de Bertrand Legendre et Corinne Abensour ; ils montrent que 60 % des primo-romanciers appartiennent aux sphères de l'enseignement, de la recherche, de la culture, du livre et de communication), et... Et quoi d'autre à vrai dire ? Écrivain ? N'est-ce pas là une terrible alternative ? Monsieur Kafka, vous êtes juriste dans une petite entreprise et... Heu, comment qualifieriez-vous votre autre occupation ? Vous écrivez la nuit des récits terribles qui ne seront publiés pour la plupart qu'après votre décès.

Les journaux d'Henry Bauchau, dévorés à chacune de leur parution, ont toujours été pour moi comme un onguent sur cette déchirure. Il y dit cette difficulté pour l'écrivain, qui n'ose souvent pas se déclarer comme tel, à être sans cesse interpelé par le travail ; dans son cas diriger une école privée en Suisse qui a périclité, faire face aux difficultés financières, trouver à un âge déjà avancé une reconversion professionnelle, les trajets banlieue-Paris. Difficultés auxquelles s'ajoute la non-reconnaissance d'une œuvre, jusqu'aux toutes dernières années de sa vie. (*Les Années difficiles, Journal 1972-1983*, « 21 juin 1972 / J'ai été plus attristé que je ne m'y attendais par le silence jusqu'ici total, de la presse française sur mon livre » ; « 30 juin 1972 / Toujours le silence en France autour de mon livre. Le mur du silence. » ; « 7 juillet 1972 / Je supporte très mal le silence de la presse française sur mon livre. Je m'y étais pourtant préparé intérieurement mais cela n'a servi à rien. »)

Je ne peux évidemment pas me comparer aux noms que je viens de citer, pour la partie aujourd'hui connue de leur travail. Au bureau, je dis assez peu cette part de mes activités. J'ai même compris qu'il valait mieux ne pas l'évoquer, car une autre image de vous vient se superposer aux yeux de vos interlocuteurs. Manque de sérieux, imprévisibilité. Comme si. Dans d'autres contextes, on me présente comme un « écrivain » et cela commence à être fréquemment le cas. Mais là aussi, je me sens presque comme une usurpatrice. Sentiment d'imposture, souvent.

Toi tu sais, avec quelques autres, ce qu'il en est.

Je t'embrasse

ysl

Lettre XXXV

À : rose.selavy@free.fr

Chère Rose,

Je pense souvent à cette infirmière qui m'a tenu la main pendant une séance de fibroscopie du poumon. L'examen est particulièrement douloureux et pénible. Et pendant que le médecin déplaçait la mini-caméra dans les bronches, faisait les prélèvements, elle me tenait la main. Lorsqu'elle avait besoin de ses propres mains pour prendre un outil, elle s'excusait et me reprenait vite la main droite. Je pense que je devais serrer particulièrement fort, je m'accrochais à elle comme à une bouée, à un bout de radeau, elle était ce qui me maintenait dans le monde des vivants. Elle me disait de fermer les yeux et de penser à des choses agréables. Alors ce sont les collines toscanes, quittées peu avant, que je faisais défiler sous mes yeux. Les cyprès, accolés aux toits de tuiles, les vignes simplement étalées sur les étendues de maquis, pareilles à de grandes nappes mises à sécher au soleil. J'aimerais par ces mots la remercier, lui rendre hommage comme à toutes les personnes qui travaillent dans les hôpitaux, avec humanité et douceur.

À bientôt,

ysl

Lettre XXXVI

À : greg1234@bu.edu

Cher Grégoire,

Il y a quelque chose dans l'écriture qui n'est pas de l'ordre du travail comme on l'entend habituellement. Dans tout travail artistique mais dans celui de l'écriture en particulier car il met sans doute le plus en évidence ce paradoxe. Un artiste travaille dans ce que Pierre-Michel Menger appelle « principe d'incertitude ». En effet, rien de moins assuré que la réussite artistique. C'est cette incertitude même qui définit le caractère artistique du travail. Comme disent les éditeurs, si on connaissait la formule pour faire un best-seller, tous les éditeurs feraient fortune. Si l'on reste sur la problématique économique de la « réussite », et donc du « revenu » que ses œuvres peuvent rapporter à l'artiste, l'écrivain est sans doute le dernier de la classe. Parce qu'il n'existe quasiment aucun investissement financier de départ dans son travail. À la différence des arts liés à la représentation et, à l'autre bout du spectre, le cinéma. Sans investissement d'argent nécessaire à sa création, l'écrivain peine donc plus pour exister socialement. Car si un violoniste, fût-il au chômage, pourra toujours se présenter comme violoniste, un peintre du dimanche montrer ses œuvres à un public même restreint (ses toiles sont bien là), un écrivain peu connu ne pourra guère se revendiquer comme tel. Il préférera sans doute se dire juriste (cf. Kafka), ou éditeur (je pense à mes CV où je dois préciser « comme auteur », après « Liste de publications » afin qu'aucune confusion ne soit possible avec mon métier), ou encore enseignant. Dit autrement, l'écriture est sans doute le travail artistique qui lie le plus la *réussite* commerciale, ou symbolique, et sa simple reconnaissance statutaire, au contraire des autres voies. Si un comédien, tirant le diable par la queue et vivant d'expédients, pourra toujours se dire comédien, pour l'écrivain, c'est seulement à partir d'une certaine notoriété qu'il inverse les choses et se présente d'abord comme écrivain. C'est ainsi que le public « découvre », qu'en fait, tel écrivain célèbre est ou a été longtemps enseignant. Cela évidemment avec des variations liées aux personnalités de chacun. Je dois faire partie de la catégorie des « discrets ». Tu me connais.

Bien à toi, embrasse Adeline pour moi,

ysl

Lettre XXXVII

À : greg1234@bu.edu

Cher Grégoire,

J'ai repris pour la première fois depuis longtemps le métro à l'heure de pointe du matin, aux
alentours de 8h30. J'ai été frappée par la foule,
par l'image oubliée de fourmilière. Voilà donc la
France qui travaille, vue une heure ou deux heures
après son réveil sur le point d'arriver au bureau,
à la boutique. Peu de joie. Tu me diras, c'est le
sommeil qui est encore là. Mais les visages sont
fermés, absents, conscients de leur anonymat, le
goûtant presque. Se rendant au travail comme
la plupart des autres personnes accolées. Unies,

pourrait-on dire. Pensent-elles à leurs relations difficiles avec leur supérieur ou certains collègues ? Ne se posent-elles pas la question : mais pourquoi ? Les économistes classiques parlent de « désutilité » du travail, au sens où l'énergie produite dans le travail a pour finalité de subvenir à ses besoins et quand il est possible de s'offrir des loisirs. Qui ne sont même pas du luxe, lorsqu'on voit les portes glisser lentement en comprimant les corps. Les nouvelles théories ont quelque peu abandonné cette vision du travail pour lui ôter cette valeur négative. Le travail aurait alors un sens positif dans des sociétés postmodernes où les notions d'inventivité, de réseaux, de créativité entreraient davantage dans sa définition.

Bien à toi,

ysl

Lettre XXXVIII

À : rose.selavy@free.fr

Chère Rose,

Malgré la maladie, j'ai repris un temps partiel au travail. Et si j'ai pu m'interroger sur les éventuels dommages causés dans le passé par ce travail sur mon écriture, il me fait pour le moment beaucoup de bien. Mais sans doute est-ce parce qu'il est malgré tout un peu en lien avec cette créativité appelée de leurs vœux par les économistes et sociologues actuels du travail. J'ai vu l'autre jour à la télévision des ouvrières de l'industrie agro-alimentaire, d'une entreprise qui avait dû diviser par deux le nombre de salariés, poser de leurs mains gantées des saucisses dans des barquettes plastiques. Deux par deux en quelques fractions de secondes. Les barquettes défilent sur des tapis roulants. Du matin au soir. Avec quelques pauses. On est là dans la stricte « désutilité », l'aliénation au sens marxiste. Poser des saucisses dans des barquettes plus de 250 jours par an. Mais sans doute est-ce une image de télévision seulement. On ne peut imaginer que le management n'ait pas prévu des alternances régulières de postes. Pourtant ce travail-là soudain apparaissait – est-ce la rougeur de la viande ? – dans sa crudité (cruauté ?), celle de la vie de ces ouvrières (surtout des femmes donc). Quel est le sens de sa vie lorsqu'on la passe pour l'essentiel à accomplir ce geste répétitif ? On pourra se dire que c'est l'esprit qui s'évade, dans ces cas-là. Et de rêver à une ouvrière écrivain, qui ferait œuvre des pensées accumulées face au tapis de barquettes. C'est sans doute une des forces de l'écriture. Elle peut surgir dans n'importe quelle profession, car elle est une nécessité d'un autre ordre. Des romans se publient d'ailleurs depuis quelques années, qui montrent comment le travailleur, quel qu'il soit, peut s'emparer de son expérience, de ses souffrances. Donner du sens à la vie, c'est certainement usé, mais dans le fond, c'est une des missions de l'écrivain. Par les mots, donner du sens à nos vies. Nos politiques qui n'ont que les mots de « consommation », « croissance » à la bouche, ont-ils songé que ce n'était plus des valeurs positives ? Et que quelque chose d'autre est à inventer pour donner du sens à nos vies ? Le travail certes. Oui, mais lequel et pourquoi, si ce n'est pour payer un loyer et le caddie du samedi ? J'aimerais qu'ils prennent plus souvent la parole pour évoquer tout ce qui fait notre spécificité de femmes et d'hommes, l'invention, le partage, la transmission des savoirs. Et qui sur son lit de mort prononcera le mot « consommation » ? Non, mais plutôt « Rosebud », inscrit sur le traîneau d'enfant de Citizen Kane.

Ces idées sont en marche, il faut qu'elles se développent dans un moment de mutation important de la société.

Mais je me laisse emporter.

Amitiés,

ysl

Lettre XXXIX

À : rose.selavy@free.fr;greg1234@bu.edu;-madeleine@swift.eu

Chère Rose, cher Grégoire, chère Madeleine,

Mon père a un ami, devenu aveugle, avec qui il lui arrive de faire des randonnées dans la campagne autour de chez eux. Ces promenades sont sans doute l'occasion d'échanger, et à cet ami de transmettre ses connaissances historiques des lieux. Pour l'anecdote, c'est le fils d'une « voyante », entendez par là que sa mère a fait partie du groupe d'adolescents qui ont « vu » la sainte Vierge lors « d'apparitions » au milieu des années 1930 dans la région.

Cette filiation a sans doute été problématique pour lui, et il a longtemps pris distance avec la religiosité qui entoure ces faits. Lors d'une de ces promenades, mon père a dû lui faire part de mes graves problèmes de santé. Christian s'est arrêté et lui a dit : « Tu sais que j'ai mes entrées là-haut. » Phrase qui a étonné mon père venant de cet ami. Et a ajouté, fermement : « Louis, ta fille guérira. »

Je vis avec cette phrase en tête. J'écris, je travaille pour qu'elle s'accomplisse.

En amitié à vous trois,

ysl

Liste des ouvrages cités dans leur ordre d'apparition dans le texte

L'Organisation du travail en Égypte ancienne et en Mésopotamie, édité par Bernadette Menu, colloque AIDEA, Nice, 4-5 octobre 2004, Institut français d'archéologie orientale, Bibliothèque d'étude, 2010. Présentation par Bernadette Menu.

André Gorz, *Métamorphoses du travail*, Galilée, 1988 ; *Misères du présent, richesse du possible*, Galilée, 1997.

Jean-Pierre Vernant, Pierre Vidal-Naquet, *Travail et esclavage en Grèce ancienne*, La Découverte, 1985, Complexe, 1988.

Claude Mossé, *Le Travail en Grèce et à Rome*, PUF, « Que sais-je ? », 1966.

Jacques Le Goff, *Pour un autre Moyen Âge. Temps, travail et culture* en Occident, 18 essais, Gallimard, 1977.

Marx et Engels, *Manifeste du Parti communiste*, trad. de Corinne Lyotard, Librairie Générale Française, 1973, Le Livre de poche, p. 55-56.

Didier Terrier, *Les Deux Âges de la proto-industrie. Les tisserands du Cambrésis et du Saint-Quentinois, 1730-1880*, éditions de l'École des Hautes études en sciences sociales, 1996.

Robert Castel, *La Montée des incertitudes. Travail, protections, statut de l'individu*, Le Seuil, coll. « Points », 2009.

Nicolas Tran, « Les gens de métier romains : savoirs professionnels et supériorités plébéiennes » dans *Les Savoirs professionnels des gens de métier : études sur le monde du travail dans les sociétés urbaines de l'Empire romain*, sous la direction de Nicolas Monteix et de Nicolas Tran ; avec les contributions de Hélène Dessales, Domenico Esposito, Miko Flohr... [*et al.*], Naples : Centre Jean Bérard, 2011.

Alain Touraine, *Histoire générale du travail*, Louis-Henri Parias (dir.), tome 4, *La civilisation industrielle de 1914 à nos jours*, Nouvelle Librairie de France, 1961.

Pierre Grimal, *La Littérature latine*, Fayard, 1994. Sur Sénèque : p. 387 et suivantes.

L.-M. Moreau-Christophe, *Du droit à l'oisiveté et de l'organisation du travail servile dans les Républiques grecques et romaines*, Chez Guillaumin et Cie Libraires, 1849.

Bernard Lahire, *La Condition littéraire. La Double vie des écrivains*, La Découverte, 2006.

Bertrand Legendre et Corinne Abensour, *Entrer en littérature*, Archê, 2012, p. 51.

Pierre-Michel Menger, *Le Travail créateur. S'accomplir dans l'incertain*, Gallimard-Seuil, 2009. Passages cités : p. 154 *et sq.*

Sénèque

Dialogues. De la vie heureuse

Extrait de *Dialogues*, tome 2, texte établi et traduit par Abel Bourgery, Les Belles Lettres, « CUF », 1930.

Vivre heureux, mon frère Gallion, tout le monde le désire ; mais pour voir parfaitement en quoi consiste ce qui rend la vie heureuse, personne n'y voit clair ; et il est si peu facile de parvenir au bonheur que chacun s'en éloigne d'autant plus qu'il ne s'y précipite qu'avec plus d'ardeur, pour peu qu'il s'écarte de la bonne voie ; et lorsque la nôtre nous mène en sens opposé, notre hâte même accroît la distance. Il faut donc étudier en quoi consiste l'objet de nos aspirations, pour examiner par où nous y tendrons le plus rapidement, et nous verrons en cours de route, pour peu que nous ayons pris la bonne direction, combien on en abat chaque jour et combien nous nous rapprochons de l'objet vers lequel nous pousse une tendance naturelle. Tant que nous errons à l'aventure, sans autre guide que les rumeurs et les cris discordants de nos compagnons qui nous appellent de tous côtés, la vie s'usera à ces allées et venues qui en abrégeront la durée, même si jour et nuit nous travaillons à notre perfectionnement. Fixons donc et notre but et les moyens d'y parvenir, non sans choisir quelque homme expérimenté qui connaisse à fond le chemin où nous nous engageons ; car, dans ce voyage, la situation n'est pas la même que dans les autres : d'habitude, le tracé de la route, les habitants qu'on interroge, empêchent de s'égarer ; ici, au contraire, ce sont les chemins les plus battus et les plus fréquentés qui trompent le mieux. Donc il faut avant tout nous bien garder de suivre comme des moutons le troupeau de ceux qui nous précèdent, en nous dirigeant non où il faut aller, mais où l'on va. Pourtant, rien ne nous plonge dans de plus grands maux que de nous régler sur la rumeur publique avec l'idée que le meilleur c'est ce qui est reçu par l'opinion générale, de prendre modèle sur le grand nombre, de vivre, non d'après la raison, mais par esprit d'imitation... De là cet amoncellement d'homme qui s'effondrent les uns sur les autres. L'accident qui survient dans une grande cohue, quand la foule s'écrase sur elle-même (personne ne tombe sans entraîner son voisin et les premiers sont la perte des suivants), tu peux le voir se produire dans toute existence : personne n'erre seulement pour son propre compte mais on est la cause et le promoteur de l'erreur d'autrui. Ainsi c'est un danger de s'attacher aux pas de ceux qui nous précèdent ; chacun aimant mieux croire que juger, quand il s'agit de la vie, on ne porte jamais de jugement, on se borne toujours à croire ; nous tourbillonnons et roulons dans l'abîme par la faute de cette erreur qu'on se passe de main en main. Ce sont les autres dont les exemples nous perdent ; nous guérirons pourvu que nous nous séparions de la masse. Mais, en fait, contre la raison le peuple s'érige en défenseur de son propre mal. Aussi se produit-il le même phénomène que dans les comices, où les premiers à s'étonner de l'élection des préteurs sont ceux-là même qui les ont élus, quand l'inconstante popularité a tourné : les mêmes choses sont l'objet et de notre approbation et de notre blâme ; telle est l'issue de tout jugement rendu à la pluralité des voix.

II. Quand on discutera de ce qui fait la vie heureuse, ne va pas répondre comme dans le vote par discussion : « C'est de ce côté-ci que paraît être la majorité. » Car c'est pour cela que l'avis est le moins bon. Les affaires humaines ne marchent pas tellement bien que les meilleures solutions plaisent au plus grand nombre. La preuve du pire, c'est la foule. Cherchons donc ce qu'il y a de mieux à faire, non ce qui est le plus en usage ; ce qui nous mettra en possession d'une félicité éternelle, non ce qui a l'approbation vulgaire, le plus mauvais interprète de la vérité. J'appelle vulgaire indifféremment les gens en chlamyde ou les têtes couronnées ; car je ne regarde pas la couleur des vêtements dont le corps est voilé. Je ne me fie pas à mes yeux quand je considère l'homme ; j'ai un critère meilleur et plus sûr pour discerner le vrai du faux : le bien de l'âme, c'est à l'âme de le trouver. Celle-ci, si on lui laissait le loisir de respirer et de rentrer en elle-même, ah ! que les tortures qu'elle s'infligerait à elle-même lui feraient bien confesser la vérité et déclarer : « Je voudrais que tout ce que j'ai fait jusqu'ici ne fût pas encore fait ; quand je pense à tout ce que j'ai dit, j'envie les muets ; tout ce que j'ai souhaité, je le regarde comme une malédiction de mes ennemis, tout ce que j'ai craint, bonté divine ! combien c'eût été préférable à ce que j'ai convoité ! J'ai eu maille à partir avec beaucoup et me suis réconcilié avec eux ; si on peut parler de réconciliation entre méchants : je n'ai pas encore conquis ma propre amitié. J'ai fait tout mon possible pour sortir de la multitude et me faire remarquer par quelque qualité ; quel résultat ai-je obtenu sinon de servir de cible aux traits et de donner bonne prise aux dents de la malveillance ? Tu vois ces gens-là qui louent l'éloquence, qui s'attachent à la richesse, qui flattent le crédit, qui exaltent le pouvoir ? Tous sont des ennemis, ou ce qui revient au même, peuvent l'être : tous les admirateurs sont autant de jaloux. Pourquoi ne pas chercher quelque bien réel que tu puisses sentir et non étaler au dehors ? Ces objets qui attirent les regards, devant quoi on s'arrête, qu'on se montre l'un à l'autre avec ébahissement, brillent au dehors, au-dedans ils sont misérables.

III. *Définition du vrai bonheur.* Cherchons un bien non pas apparent, mais solide, homogène et d'une beauté d'autant plus grande qu'elle est plus secrète ; déterrons-le. Il n'est pas bien loin ; on le trouvera, il n'est besoin que de savoir où étendre le bras ; mais en fait, comme au milieu des ténèbres, nous passons à côté, nous heurtant souvent à l'objet même de nos désirs. Mais pour ne pas te perdre dans de longs détours, je passerai sous silence les opinions d'autrui ; car il serait trop long de les énumérer et de les réfuter : écoute la nôtre. Quand je dis « la nôtre », je ne m'attache pas à l'un des maîtres stoïciens ; moi aussi, j'ai le droit d'émettre un avis. Aussi je suivrai tel ou tel, à tel autre je dirai de diviser sa motion ; peut-être, quand on appellera mon nom après tous les autres, je ne rejetterai aucune des opinions soutenues avant moi et je dirai : « Voici ce que je pense encore. » Au demeurant, d'accord avec tous les stoïciens, je suis les conseils de la nature ; ne pas s'en écarter, se régler sur sa loi et son exemple, voilà la sagesse. Une vie heureuse est donc celle qui s'accorde avec sa nature et on ne peut y parvenir que si l'âme est d'abord saine et en possession de cet état de santé, puis courageuse et énergique, ensuite très belle et patiente, prête à tout événement, soucieuse sans inquiétude du corps et de ce qui le concerne, industrieuse enfin à se procurer d'autres avantages qui ornent la vie sans en admirer aucun, prête à user des dons de la fortune, non à s'y asservir.

Tu comprends, même si je ne l'ajoutais pas, qu'il s'ensuit une tranquillité, une liberté perpétuelle, puisque nous avons chassé ce qui nous irrite ou nous terrifie ; car aux voluptés, aux séductions mesquines, fragiles et dont le parfum même est nuisible une joie immense succède, inébranlable et inaltérable, puis la paix, l'harmonie de l'âme, la grandeur jointe à la douceur, car toute férocité procède de faiblesse.

IV. On peut définir autrement le bien tel que nous le concevons, c'est-à-dire que la même idée peut être enfermée dans des formules qui ne soient pas les mêmes. Une même armée peut tantôt s'étendre sur un plus large front, tantôt se masser ; elle peut prendre une formation en demi-cercle ou se déployer en ligne droite, mais sa force d'attaque, de quelque façon qu'on la dispose est la même, comme son désir de lutter pour la même cause ; ainsi, la définition du souverain bien peut être tantôt développée et élargie, tantôt resserrée et condensée. Par exemple, cela revient au même que je dise : « Le souverain bien, c'est l'âme qui méprise les coups de la fortune et se plaît dans la vertu » ou « Une force d'âme invincible, expérimentée, calme dans l'action, jointe à beaucoup d'humanité et d'attention pour ses semblables ». On peut aussi le définir en disant que l'homme heureux, c'est celui pour qui il n'y a de bon et de mauvais qu'une âme bonne ou mauvaise, qui pratique le bien, se contente de la vertu, qui ne se laisse pas exalter ni briser par les coups de la fortune, qui ne connaît pas de bien plus grand que celui qu'il peut se donner à lui-même, pour qui la vraie volupté est le mépris des voluptés. On peut, si l'on veut faire une digression, présenter la même idée sous tel ou tel autre aspect sans en altérer le sens profond : qu'est-ce qui empêche en effet de dire que le bonheur, c'est une âme libre, élevée, intrépide, constante, inaccessible à la crainte comme au désir, pour qui le seul bien est la beauté morale, le seul mal, l'avilissement, et tout le reste un amas de choses incapables d'enlever ou d'ajouter rien au bonheur, allant et venant sans accroître ni diminuer le souverain bien ? Un principe aussi solidement établi entraînera nécessairement, qu'on le veuille ou non, une gaîté continuelle, une allégresse profonde et qui vient du fond de l'être, puisqu'elle met sa joie dans ce qu'elle possède et ne désire rien au-delà de ce qu'elle trouve dans son milieu. Comment ne pas y trouver une large compensation à ces

mouvements mesquins, frivoles et sans lende-
main de notre pauvre corps ? Le jour où l'on se
sera laissé dompter par la volupté, on le sera par
la douleur ; tu vois quelle triste et funeste servitude devra subir celui que plaisirs et douleurs,
les plus capricieux et les plus tyranniques des
maîtres, vont posséder tour à tour : donc il faut
trouver une issue vers la liberté. Cette liberté,
rien d'autre chose ne la procure que l'indiffé-
rence aux coups du sort : alors naîtra ce bien
inestimable, le calme de la pensée qui a trouvé
un abri sûr, l'élévation morale ; la connaissance
du vrai, chassant les terreurs, engendrera une
joie intense et immuable, la bonté, l'épanouis-
sement de l'âme qui la charmeront, non pas en
tant que biens mais en tant qu'effets du bien
qu'elle poursuit.

Du même auteur

Les Candidats (roman), La Martinière, 2004, coll.
« Points » Seuil, 2005. Prix de la Première
Œuvre de la Communauté française de Belgique.

Amsterdam (roman), L'Olivier, 2006.

1993 (roman), La rue de Russie, 2009. Grand prix de
l'Association des écrivains de langue française.

Maurice Blanchot critique (essai), La Différence, 2010.

Joseph (récit), La Différence, 2012.

Timouk. L'enfant aux deux royaumes (conte musical),
Didier Jeunesse, 2013.

Ce volume,
le quatrième
de la collection « Tibi »,
publié aux Éditions Les Belles Lettres,
a été achevé d'imprimer
en juillet 2014
par l'imprimerie SEPEC
01960 Peronnas, France

Dépôt légal : août 2014
N° d'édition : 7888
N° d'impression : N05421S140704
Imprimé en France